Administración Educativa

Dr. Juan Manuel Rodríguez Caamaño

Dra. Elvira Martín Sabina

Mtra. Norma Araceli Hernández Hernández

De los autores:

Dr. Juan Manuel Rodríguez Caamaño

Es egresado de la carrera de Mercadotecnia del Tecnológico de Monterrey Campus Monterrey, graduado de la UNAM de la maestría en Administración y Doctor en Ciencias de la Educación por la Universidad de la Habana. Es Rector Fundador de la Universidad Istmo Americana y Presidente del consejo de Administración de la Universidad de Sotavento. Ha sido profesor investigador de la Universidad de Sotavento y de la Universidad Istmo Americana. Fue miembro del Sistema Nacional de Investigadores del CONACYT del 2009 al 2012. Su pasión es escribir y ha publicado en Amazon más de 20 textos entre cuentos, novelas y libros académicos.

Dra. Elvira del Pilar Martín Sabina

Es Contador Público. Doctora en Ciencias Económicas (PH.D.). Profesora de Mérito y Titular de la Universidad de La Habana, Cuba.
Directora del Centro de Estudios para el Perfeccionamiento de Educación Superior de la Universidad de La Habana CEPES-UH (1983- 2012), en la actualidad profesora de dicho Centro. Realiza tareas de asesoría al Ministerio de Educación Superior.
Miembro del Consejo Superior de la Academia de Ciencias de Cuba (1998-2006).
Miembro del Grupo de Expertos del Programa ALFA de la Unión Europea (2002-2004). Es colaboradora del Concilio Mundial de Sociedades de Educación Comparada (WCCES), y fue vicepresidenta del mismo (2002-2007). Participante en diversas actividades de UNESCO, entre las que se destacan las conferencias mundiales de los años 1998/2009 y las regionales para América Latina y el Caribe de 1996/2008. Coordina la Cátedra UNESCO en Gestión y Docencia Universitaria y la red de cátedras UNESCO cubanas.

Miembro del Consejo Científico de la Asociación de Pedagogos de Cuba. Experiencia investigativa principalmente en los temas de políticas educativas, la economía de la educación y la gestión del conocimiento en las universidades. Dirige trabajos de tesis de doctorado y maestría, miembro del tribunal nacional de Ciencias de la Educación. Autora principal de dos premios nacionales de la Academia de Ciencias de Cuba en los años 2007 y 2012 referidos respectivamente: i) al "Estudio del nuevo ingreso a las universidades cubanas: diez años de investigación y perfeccionamiento" y ii) "La Reforma Universitaria de 1962: Medio siglo de impacto en la Educación Superior Cubana". En el año 2015 recibe el premio "Dr. Carlos Martínez Durán" otorgado por la Unión de Universidades de América Latina y el Caribe (UDUAL) en reconocimiento a su desempeño y aportaciones académicas.

Es autora de numerosas publicaciones y de ponencias presentadas en eventos nacionales e internacionales. Ha impartido cursos de postgrado y conferencias en universidades de Cuba y diversos países en particular Latinoamericanos.

Mtra. Norma Araceli Hernández Hernández

Es Contador Público y auditor, tiene el grado de Maestría en Administración. Es Profesora investigadora de la Universidad de Sotavento. Tiene la Certificación en CONOCER OCO23-07 Certificado EXCELA ISO9001: 2008 en el Estándar de Competencia ECO2017 En impartición de cursos de formación del capital humano de manera presencial grupal (2013)

Diplomado en desarrollo de estrategias de modernización y dirección de centros escolares (US - UNAM CAMPUS JURIQUILLA 2003)

Diplomado en Docencia universitaria e investigación educativa (US - Universidad de la Habana Cuba 2001)

Especialidad en Proyectos de inversión (I.I.E.S.C.A. – U.V. 1994)

Más de 10 años de experiencia en áreas contables y administrativas en la Industria Química y más de 15 años de experiencia docente. Es especialista en realizar y asesorar manuales de organización.

Introducción general

En la actualidad los administradores de las instituciones educativas se enfrentan a un constante reto de tomar decisiones eficaces en un mundo donde predomina la incertidumbre debido a la constante existencia de situaciones cambiantes que se presentan cotidianamente.

Las instituciones educativas están consideradas como elemento importante en el desarrollo de un país. Sus funciones incluyen desde la educación hasta formación de sus educandos. La persona que labora en una institución educativa, ya sea como profesor o administrador, es responsable de varias funciones, entre ellas diseñar los objetivos y administrar efectivamente los recursos disponibles. En algunos países ejercer esta tarea resulta más complicado, porque se dispone de un presupuesto limitado y el alumnado crece constantemente, por lo que alcanzar las metas con efectividad y calidad representa un reto cotidiano para los docentes, directivos y administradores de dichas instituciones.

Los retos que enfrenta el sector educativo son: darle permanencia a largo plazo a la institución y proporcionar una educación de calidad; es muy importante garantizar la continuidad y eficacia de los estudios del alumnado. Se debe de tener el cuidado de que cada alumno pueda concluir su ciclo de estudios, dentro de una misma institución.

En algunas ocasiones los que son responsables de los puestos directivos en el sector educativo, por su desarrollo, por lo general son expertos docentes, que carecen de una formación administrativa para realizar esta función, por lo que necesitan herramientas sencillas que les faciliten la tarea. Desde esta perspectiva, los autores de este libro pretenden ofrecer un panorama sucinto de las ideas más importantes en el ámbito de administración y, sobre todo, de lo que constituye la administración educativa.

La naturaleza misma del proceso educativo lleva al administrador de una institución educativa a requerir de herramientas precisas para poder brindar un servicio que satisfaga las necesidades de: los estudiantes, el mercado laboral y la sociedad. De ahí radica su complejidad, de los diversos objetivos que debe cumplir y que en algunos cosas no son mutuamente excluyentes generando un dilema en la toma de decisiones.

Ese es el objetivo de esta bibliografía, ofrecer esas herramientas que puedan apoyar la gestión escolar, soportadas por la experiencia de los autores en las funciones administrativas desempeñadas durante años en instituciones educativas.

En el capítulo 1 se presenta un panorama general, que incluye el enfoque histórico de la trayectoria y de los conceptos básicos que se han incorporado en la definición de administración, todo ello considerado desde la perspectiva de la empresa y orientado a su aplicabilidad en la educación.

En el capítulo 2 incursionamos en el ámbito de la educación mencionando los principios y objetivos de la educación para todos.

El capítulo 3 presenta aspectos de la dinámica de la administración, de las funciones de la administración educativa; así como los diversos tipos de toma de decisiones.

Por último, el capítulo 4 ofrece algunas ideas sobre el papel del director en una institución educativa. Lo anterior se enfoca tanto al nivel de la institución como al de sus directivos, administradores y docentes. También hay un análisis de responsabilidades de la familia en el proceso educativo de sus miembros. Del mismo modo se presentan las expectativas y esfuerzos de la sociedad para armonizar la calidad educativa con las necesidades económicas y sociales del país.

Índice de contenido

Cap. 4. La Gestión en las organizaciones

1

La gestión en las organizaciones

1. La gestión en las organizaciones

1.- Administración

1.1. Concepto de administración

Administración: Viene del latín "AD" (dirección para, tendencia para) y "MINISTRARE" subordinación, obediencia) (Corominas, 1995). Surgió en la época primitiva, conjuntamente con el individuo. Ya en las formas de organización de nuestros ancestros, recolección de alimentos, distribución de actividades, pueden apreciarse formas primarias de administración. Luego se presentó en la Antigüedad y en las Edades Media, Moderna y Contemporánea. En esta última comienza a estudiarse como una disciplina científica, a través de la Administración Científica del Trabajo y los estudios de Taylor y Fayol.

La administración es una actividad inherente a cualquier grupo social. A partir de esto es posible conceptualizar la administración en una forma simple como:

El esfuerzo coordinado de un grupo social para obtener un fin con la mayor eficiencia y el menor esfuerzo posibles.

Comúnmente se dice que: "Administración es hacer algo a través de otros". Sin embargo, es conveniente emitir una definición de la administración como disciplina, para tener un concepto más formal de la misma.

Inicialmente se analizarán las definiciones de los tratadistas más prestigiados, así como los más recientes, a fin de concluir con la definición propia de los autores.

La administración es un proceso a través del cual se coordinan y optimizan los recursos de un grupo social, con el fin de lograr la máxima eficiencia, competitividad, calidad y productividad en la consecución de sus objetivos.

Henry Sisk y Mario Sverdlik. Es la coordinación de todos los recursos a través del proceso de planeación, dirección y control, a fin de lograr objetivos establecidos.

Roberto F. Buchele. El proceso de trabajar con y a través de otras personas a fin de lograr los objetivos de una organización formal.

Harold Koontz y Cyril O'Donnell. Es la dirección de un organismo social y su efectividad en alcanzar sus objetivos, fundada en la habilidad de conducir a sus integrantes

Harold Koontz, Heinz Weihrich y Mark Cannice. Es el proceso mediante el cual se diseña y mantiene un ambiente en el que individuos que trabajan en grupos que cumplen metas específicas de manera eficaz.

Isaac Guzmán Valdivia. Es la dirección eficaz de las actividades y la colaboración de otras personas con el fin de obtener determinados resultados.

George R. Terry. Consiste en lograr un objetivo predeterminado, mediante el esfuerzo ajeno.

Agustín Reyes Ponce. Es la técnica que busca lograr resultados de máxima eficiencia en la coordinación de las cosas y personas que integran una empresa

American Management Association. La administración es la actividad por la cual se obtienen determinados resultados a través del esfuerzo y la cooperación de otros.

José A. Fernández Arena. Es una ciencia social que persigue la satisfacción de objetivos institucionales por medio de una estructura y a través del esfuerzo humano coordinado.

José G. García Martínez. Proceso cuyo objeto es la coordinación eficaz y eficiente de los recursos de un grupo social para lograr sus objetivos con la máxima productividad, eficiencia y calidad.

Joseph L. Massie. Método por el cual un grupo en cooperación dirige sus acciones hacia metas comunes. Este método implica técnicas mediante las cuales un grupo principal de personas (los gerentes) coordinan las actividades de otras.

1.1.1 Elementos del concepto

Si se analizan detenidamente las anteriores definiciones, se puede observar que todos los autores concuerdan, de una u otra manera, en que el concepto de administración está integrado por los siguientes elementos:

1. Proceso. La administración sigue una seria de etapas: planeación, organización, dirección y control.
2. Coordinación de recursos. Para administrar, se requiere combinar, sistematizar y analizar los diferentes recursos que intervienen en el logro de un fin común.
3. Eficacia. Consiste en lograr los objetivos satisfaciendo los requerimientos del producto o servicio en términos de cantidad y tiempo.
4. Organización formal. Para que la administración exista, es necesario que se dé siempre dentro de un grupo social.
5. Objetivo. Es decir, que la administración siempre está enfocada a lograr fines o resultados
6. Eficiencia. Se refiere a "hacer las cosas bien". Es lograr los objetivos garantizando los recursos disponibles al mínimo costo y con la máxima calidad
7. Grupo social. Para que la administración exista, es necesario que se dé siempre dentro de un grupo social.
8. Productividad. Es la relación entre la cantidad de insumos necesarios para producir un determinado bien o servicio. Es la obtención de los máximos resultados con el mínimo de recursos, en términos de eficiencia y eficacia

Con los elementos anteriores es posible emitir una definición integral de la administración:

"Proceso cuyo objeto es la coordinación eficaz y eficiente de los recursos de un grupo social para lograr sus objetivos con la máxima productividad."

1.2. Características de la administración

Características de Administración de: <u>Agustín Reyes Ponce</u>

1. Su universalidad: El fenómeno administrativo se da donde quiera que existe un organismo social, porque en él tiene siempre que existir coordinación sistemática de medios. La administración se da por lo mismo en el Estado, en el ejército, en la empresa, en una sociedad religiosa, etc. Y los elementos esenciales en todas esas clases de Administración serán los mismos, aunque lógicamente existan variantes accidentales.

2. Su especificidad. Aunque la administración va siempre acompañada de otros fenómenos de índole distinta (v.gr.: en la empresa funciones económicas, contables,, productivas, mecánicas, jurídicas, etc.), el fenómeno administrativo es específico y distinto a los que acompaña. Se puede ser, v.gr. : un magnífico ingeniero de producción (como técnico en esta especialidad) y un pésimo administrador.

3. Su unidad temporal. Aunque se distingan etapas, fases y elementos del fenómeno administrativo, éste es único y, por lo mismo, en todo momento de la vida de una empresa se están dando en mayor o menor grado, todos o la mayor parte de los elementos administrativos. Así, v.gr: al hacer los planes, no por eso se deja de mandar, de controlar, de organizar, etc.

4. Su unidad jerárquica. Todos cuantos tienen carácter de jefes en un organismo social, participan, en distintos grados y modalidades, de la misma Administración, así v.gr.: en una empresa forman "un solo cuerpo administrativo, desde el Gerente General, hasta el último mayordomo.

Figura 1.1. Características de la administración de Agustín Reyes Ponce

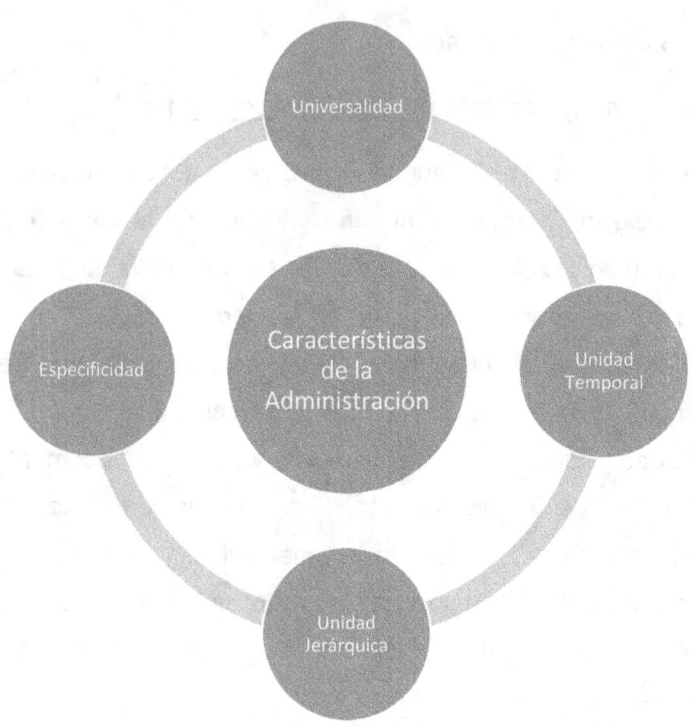

Características de Administración de: <u>Lourdes Munch Galindo</u>

La administración posee ciertas características que la diferencian de otras disciplinas:

1. Universalidad. Es indispensable en cualquier grupo social, ya sea una empresa pública o privada.
2. Valor instrumental. Su finalidad es eminentemente práctica, la administración es un medio para lograr los objetivos de un grupo
3. Amplitud de ejercicio. Se aplica en todos los niveles o subsistemas de una organización

4. Especificidad. Aunque la administración se auxilia de diversas ciencias, su campo de acción es específico, por lo que no puede confundirse con otras disciplinas.
5. Multidisciplinariedad. Utiliza aplica conocimientos de varias ciencias y técnicas.
6. Flexibilidad. Los principios administrativos son flexibles y se adaptan a las necesidades de cada grupo social en donde se aplican. La rigidez en la administración es inoperante.

Figura 1.2 Características de la administración de Lourdes Munch Galindo

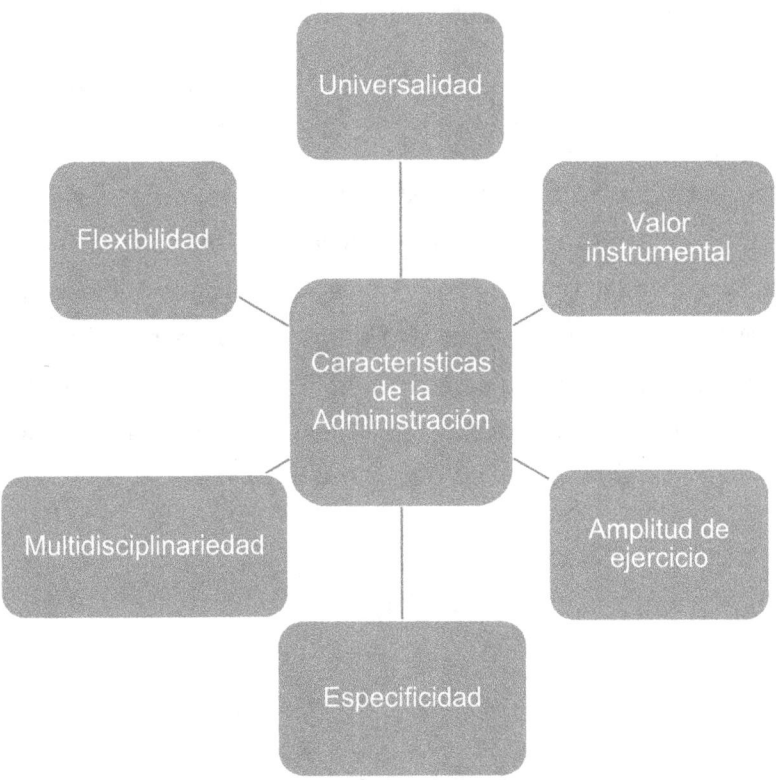

1.3. El proceso administrativo

Un proceso es el conjunto de pasos o etapas necesarias para llevar a cabo una actividad

En su concepción más sencilla se puede definir el proceso administrativo como la administración en acción, o también como:

El conjunto de fases o etapas sucesivas a través de las cuales se efectúa la administración, mismas que se interrelacionan y forman un proceso integral

Las dos fases del proceso administrativo, Lyndall F.Urwick les llama: mecánica y dinámica de la administración. Para este autor la mecánica administrativa es la parte teórica de la administración en la que se establece lo que debe hacerse, es decir, se dirige siempre hacia el futuro. Mientras que la dinámica se refiere a cómo manejar de hecho el organismo social (cuadro sinóptico 1.1). Aparte, George Terry establece que estas fases están constituidas por distintas etapas que dan respuesta a cinco cuestionamientos básicos de la administración.

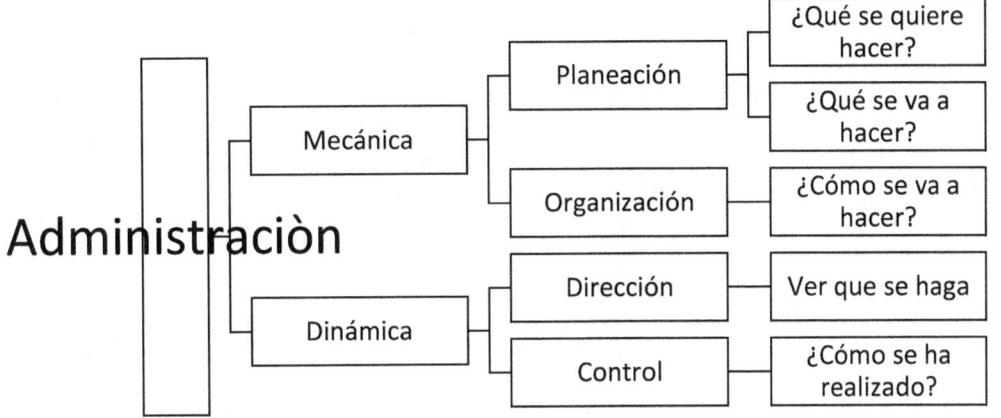

1.1 Cuadro sinóptico: Fases de la administración.

1.3.1 Diversos criterios del proceso administrativo

Es importante conocer que existen diversas opiniones en cuanto al número de etapas que constituyen el proceso administrativo aunque, de hecho para todos los autores los elementos esenciales sean los mismos.

Tabla 1.1 Diversos criterios en las etapas del proceso administrativo

Autor	Año	Etapas			
Henry Fayol	1886	Previsión	Organización	Comando, coordinación	Control
Harry Arthur Hopf	1935	Planeación	Organización	Coordinación	Control
Lyndall Urwick	1943	Previsión, planeación	Organización	Comando, Coordinación	Control
William Newman	1951	Planeación	Organización, obtención de recursos	Dirección	Control
R.C. Davis	1951	Planeación	Organización		Control
Koontz y O'Donnell	1955	Planeación	Organización, integración	Dirección	Control
John E. Mee	1956	Planeación	Organización	Motivación	Control
George R. Terry	1956	Planeación	Organización	Ejecución	Control
Louis A. Allen	1958	Planeación	Organización	Motivacion, coordinación	Control
Dalton McFarland	1958	Planeación	Organización		Control
Agustín Reyes Ponce	1960	Previsión, Planeación	Organización, integración	Dirección	Control
Isaac Guzmán V.	1961	Planeación	Organización, integración	Dirección, ejecución	Control
J. Antonio Fernández	1967	Planeación	Implementación		Control
R. Alec Mackenzie	1969	Planeación	Organización, integración	Dirección	Control
Robert C. Appleby	1971	Planeación	Organización	Direccion	Control
William P. Leonard	1971	Planeación	Organización	Dirección	Control
Sisk y Sverdlik	1974	Planeación	Organización	Liderazgo	Control
Leonard Kazmier	1974	Planeación	Organización	Dirección	Control
Robert F. Buchele	1976	Planeación	Organización-Staffing	Liderazgo	Control
Burt K. Scanlan	1978	Planeación, toma de decisiones	Organización	Dirección	Control
Eckles Carmichael y Sarchet	1978	Planeación	Organización	Coordinación	Control

Fuente: El proceso administrativo, José A. Fernández Arena, Herrero Hnos., México, p.75, con datos actualizados de los autores a partir de 1969

En el siguiente cuadro (figura 1.3.) se presenta un resumen de las fases, etapas y elementos que conforman el proceso administrativo

Figura 1.3. Etapas del proceso administrativo

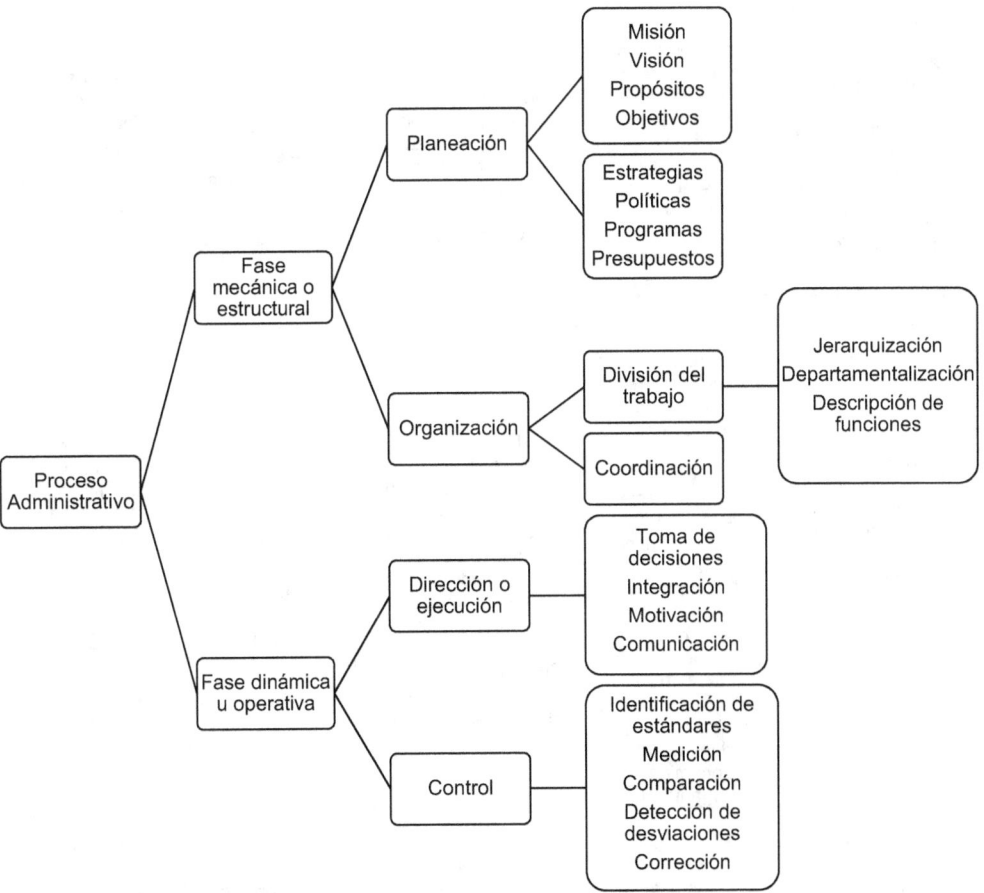

En cada etapa se aplican diversos principios y metodologías específicas:

Cuadro 1.2. Etapas, principios y técnicas del proceso administrativo

Etapas/ concepto	Importancia	Etapas/ proceso	Principio	Técnicas
Planeación Determinación de escenarios futuro y de los resultados que se pretenden obtener con el fin de minimizar riesgos y definir las estrategias para lograr la misión	Permite aprovechar mejor los esfuerzos y los recursos. - Reduce los niveles de incertidumbre -Permite enfrentar las contingencias. -Es un sistema racional para la toma de decisiones -Es la base del sistema de control	-Filosofía -Valores -Visión -Misión -Propósitos -Premisas -Investigación -Objetivos -Estrategias -Políticas -Programas -Presupuestos	Del objetivo -Unidad -Objetividad y cuantificación Del cambio de estrategias -Flexibilidad	Cuantitativas Cualitativas -Gráfica de Gantt -Análisis FODA -CPM -PERT
Organización Consiste en el diseño y determinación de las estructuras, procesos, funciones y responsabilidades, así como del establecimiento de métodos y la aplicación de técnicas tendientes a la simplificación del trabajo	-Suministra los métodos para que el desempeño de actividades sea eficiente. -Reduce costos e incrementa la productividad. -Reduce o elimina la duplicidad de funciones	División del trabajo -Jerarquización -Departamentalización -Descripción de funciones Coordinación	-Vía Jerárquica -Tramo de control -Delegación -Simplificación -Unidad de mando -Especialización	-Organigramas -Manuales -Diagramas de flujo de procedimiento -Carta de distribución -Análisis de puestos
Integración Función mediante la que se seleccionan y obtienen los recursos necesarios para ejecutar los planes. Comprende recursos materiales, humanos, tecnológicos y financieros	-De la calidad de los insumos dependen los resultados: implica una reducción de costos. -De la correcta selección de recursos humanos depende el éxito o fracaso de la empresa -De la especificación de las características, cantidades y calidad de los recursos depende el funcionamiento de la organización	-Definición de necesidades y requerimientos de los recursos, estándares de calidad y tiempos. -Determinación de fuentes de abastecimiento -Elección de proveedores -Selección de recursos de acuerdo con los estándares de calidad	-Cumplimiento de requisitos. -Proveedor confiable -Adecuación -Calidad	Recursos Humanos -Exámenes psicométricos -La entrevista -El análisis de puestos Recursos materiales financieros y tecnológicos -Cuantitativos -Cualitativos
Dirección Es la ejecución de todas las etapas del proceso administrativo mediante la	-Ejecución de actividades -Toma de decisiones -Comportamiento, actitudes y conductas	-Toma de decisiones -Motivación -Supervisión -Comunicación -Liderazgo	- Aprovechamient o del conflicto -Resolución del conflicto -Del objetivo de la supervisión	Cuantitativas -Modelos matemáticos -Programación lineal -Técnicas estadísticas

conducción y orientación del factor humano, el ejercicio del liderazgo hacia el logro de la misión y visión de la empresa	adecuadas -Influir, guiar o dirigir a grupos de trabajo		directa -De la vía jerárquica	-Camino crítico Cualitativas -Tormenta de ideas -Desarrollo de equipos -Técnicas motivacionales
Control Es el establecimiento de los estándares para evaluar los resultados obtenidos, con el objeto de comparar, corregir desviaciones, prevenirlas y mejorarlas continuamente.	-Sirve para comprobar la efectividad de la gestión -Promueve el aseguramiento de la calidad -Promueve el aseguramiento de la calidad -Protege los archivos de la empresa -Establece las medidas para prevenir errores, reducir costos y tiempo	-Establecimiento de estándares -Medición -Corrección -Retroalimentación	-De la función controlada -De las desviaciones -Autocontrol -Excepción	-Sistemas de información -Gráficas y diagramas -Estudio de métodos -Métodos cuantitativos -Indicadores -Control interno

"En algunos países la administración está más referida a lo público y lo gerencial a lo privado" (Restrepe, 2008, p. 1). En otros, sin embargo, "a la gerencia muchos expertos le están dando una connotación más externa, más innovadora y de mayor valor agregado, en contraste con la administración, a la que consideran más interna, más de manejo de lo existente o de lo funcional" (Restrepe, 2008, p. 1). Este autor considera que al gerente le corresponde una mirada al entorno, de modo que la organización pueda generar desarrollo, tomar recursos y producir más recursos, mientras que al administrador le corresponde más el mantenimiento y conservación. Refiere del profesor Carlos Valencia su concepción del gerente "para enfrentar lo horizontal, lo transversal de la organización", y afirma que a la administración se le concibe como algo "funcional o vertical" (Restrepe, 2008). Una gran cantidad de autores ve la administración como un concepto tradicional y a la gerencia y la gestión como conceptos modernos, de notable actualidad.

Gestión: Viene del latín GESTIO-GESTIONIS que significa ejecutar, lograr un éxito con medios adecuados (Corominas, 1995). Para Heredia es un concepto más avanzado que el de administración y lo define como "la acción y efecto de realizar tareas –con cuidado, esfuerzo y eficacia- que conduzcan a una finalidad" (Heredia, 1985, p. 25). Según Remetería es la "actividad profesional tendiente a establecer los objetivos y medios de su realización, a precisar la organización de sistemas, a elaborar la estrategia del desarrollo y a ejecutar la gestión del personal" (Rementeria, 2008, p. 1). Al respecto Rementeria agrega que en el concepto gestión es muy importante la acción del latín actionem, que significa toda manifestación de intención o expresión de interés capaz de influir en una situación dada. Para él, el énfasis que se hace en la acción, en la definición de gestión, es lo que la diferencia de la administración. No considera la gestión como una ciencia disciplina; sino como parte de la administración, o un estilo de administración.

Pese a que algunos consideran la gestión como una ciencia empírica antigua, y que las modernas escuelas de gestión tuvieron sus antecedentes en los trabajos de la Dirección Científica, solo es a partir de la segunda mitad del siglo XX que comienza el boom de la gestión con los trabajos de Peter Drucker. Desde entonces ha sido vista, indistintamente, como "un conjunto de reglas y métodos para llevar a cabo con la mayor eficacia un negocio o actividad empresarial" (Espasa Calpe, 2008, p. 1), como una "función institucional global e integradora de todas las fuerzas que conforman una organización" (Restrepe, 2008, p. 2), que enfatiza en la dirección y el ejercicio del liderazgo, o como un "proceso mediante el cual se obtiene, despliega o utiliza una variedad de recursos básicos para apoyar los objetivos de la organización" (Ponjuán, 1998, p. 55).

Julia Mora, 2007, citada por Restrepe, 2008, p. 2, plantea dos niveles de gestión: uno lineal o tradicional, sinónimo de administración, según el cual gestión es "el conjunto de diligencias que se realizan para desarrollar un proceso o para lograr un producto determinado" y otro que se asume como dirección, como conducción de actividades, a fin de generar procesos de cambio (Restrepe, 2008).

En base a todos los conceptos anteriores, la gestión se asume como el conjunto de procesos y acciones que se ejecutan sobre uno o más recursos para el cumplimiento de la estrategia de una organización, a través de un ciclo sistémico y continuo, determinado por las funciones básicas de planificación, organización, dirección o mando y control. En el tema tres se abordan con mayor detenimiento unas de estas funciones y su relevancia en la optimización de los resultados organizacionales que es el propósito supremo de la gestión.

En términos generales los conceptos de administración, gerencia y gestión, son sinónimos a pesar de los grandes esfuerzos y discusiones por diferenciarlos. En la práctica se observa que el término *management*es traducido como administración pero también como gerencia. En algunos países la administración está más referida a lo público y la gerencia a lo privado. En los libros clásicos se toman como sinónimos administración y gerencia. En el glosario del CINDA, por ejemplo, aparece gestión como equivalente a administración.

Lo esencial de los conceptos administración, gestión y gerencia está en que los tres se refieren a un proceso de "planear, organizar, dirigir, evaluar y controlar" como lo planteara H. Fayol al principio del siglo o Koontz.

1.4   Concepto, objetivo y principios de la administración educativa

Conceptualizaciones

La educación y su comunidad o actores (alumnos, docentes, institución, etc.) necesitan de un proceso que los ayude a alcanzar sus objetivos. En este punto, la Administración general cuenta con una rama denominada Administración educativa, la cual imprime orden a las actividades que se realizan en las organizaciones educativas para el logro de sus objetivos y metas. Puede afirmarse que esta disciplina es un instrumento que ayuda al administrador a estudiar la organización y estructura institucional educativa, y le permite orientar sus respectivas funciones.

La administración escolar está dirigida a la ordenación de esfuerzos; a la determinación de objetivos académicos y de políticas externa e interna; a la creación y aplicación de una adecuada normatividad para alumnos, personal docente, administrativo, técnico y manual, con la finalidad de establecer en la institución educativa las so de enseñanza-aprendizaje y un gobierno escolar eficiente y exitoso.

Ciertos autores definen la Administración educativa como la "ciencia que planifica, organiza, dirige, ejecuta, controla y evalúa las actividades que se desarrollan en las organizaciones educativas, dirigidas a desarrollar las capacidades y el desarrollo de los discentes" ; esta disciplina trata de organizar el trabajo del personal escolar (docentes, administrativos, etc.,), y el manejo de recursos físicos, financieros, tecno lógicos y pedagógicos, ente otros, para cumplir con el currículo definido por la sociedad educativa.

Como ciencia, proporciona los principios y las técnicas para prever, planear, organizar, dirigir, integrar y evaluar todos los componentes del sistema educativo en ámbitos restringidos, como las escuelas y las respectivas comunidades, o en ámbitos más amplios, como los de supervisión y alta dirección del sistema, de tal modo que cada uno pueda contribuir de modo eficaz al logro de los objetivos educacionales.

Otros autores conceptualizan la Administración educativa como "la aplicación racional y sistemática de los principios y las teorías de la administración general al manejo de organizaciones educativas"; pues esta disciplina busca resolver en una organización educacional la asignación y coordinación de los distintos recursos con los que ella cuenta, sean estos materiales, financieros, tecnológicos, académicos, con el fin de lograr los objetivos y metas trazados por la institución.

De manera específica, la administración escolar está referida a la dirección de la institución misma; al uso y ejercicio estratégico de los recursos humanos, intelectuales, tecnológicos y presupuestales; a la proyección de necesidades humanas futuras; a la previsión estratégica de capacitación del recurso humano y la formación docente; a la vinculación con el entorno; la generación de identidad del personal con la organización; la generación de una visión colectiva de crecimiento organizacional en lo colectivo, individual, profesional y el principio de colaboración como premisa de desarrollo.

Desde el punto de vista funcional, la administración educativa tiene a su cargo la implementación de las políticas educativas; y desde la óptica institucional, la administración educativa es el conjunto de las estructuras organizacionales que deben asegurar la prestación de los servicios educativos a la población.

La administración educativa implica el logro de objetivos por parte de personas que aportan sus mayores esfuerzos, y de acuerdo con acciones que de antemano se preestablecen, situación que puede presentarse tanto en el sector educativo privado como en el gubernamental. Aquella se puede conceptualizar como la aplicación racional y sistemática de los principios y teorías de la administración al manejo de organismos educativos; o bien como la forma razonable y segura de conducir la escuela hacia el logro pleno de los objetivos de la educación.

Objetivo

Es objetivo primordial de toda Administración educativa eficiente el de facilitar el proceso de enseñanza -aprendizaje, mediante la maximización de los recursos de la institución; y para lograrlo se requiere de la realización de actividades que los especialistas y estudiosos han resumido en cinco tareas: establecer relaciones entre la escuela y la comunidad; desarrollar planes y programas de estudios; agrupar los alumnos; gestionar y administrar los recursos materiales, humanos y financieros; y establecer la organización y estructura institucional.

De hecho, la misma organización educativa constituye el objeto de estudio de la Administración educativa, y la teoría de esta resulta de las interrelaciones entre las Ciencias de la educación, la teoría administrativa general y otras disciplinas como la Economía, Ciencias Políticas, Sociología, etc.

Principios

Las administraciones educativas están obligadas a ser responsables y sostenibles, es decir, deben contar con principios bien definidos y aplicables, pues las mismas sostienen un sin número de relaciones y su producto, los graduados o profesionales, serán su reflejo cuando se inserten laboralmente en la sociedad.

Con base a lo anterior, Frederick W. Taylor le imprimió cuatro principios a la Administración general, aduciendo que los mismos eficientan el trabajo productivo dentro de las organizaciones, y son: análisis científico del trabajo, selección de personal, administración de la cooperación y supervisión funcional.

Pero en lo concerniente a la administración educativa, la UN Global Compact*, propone los siguientes seis principios para eficientar las organizaciones escolares:

* Launched in 2000, the UN Global Compact is the largest corporate citizenship initiative in the world. As of May 2007 more than 3,000 companies from 100 countries, as well as over 700 hundred civil society, international labor organizations and academic institutions are engaged in the initiative.

Figura 1.4: Los principios de la Administración Educativa, según la UN Global Compact

1- Desarrollar las capacidades de los alumnos para que sean los futuros generadores de valor sostenible para las empresas y la sociedad en general, y a trabajar para una economía global integrada y sostenida.

2- Incorporar en las actividades académicas y planes de estudio los valores de la responsabilidad social mundial, tal como se refleja en iniciativas internacionales, como es el caso del Pacto Mundial de Naciones Unidas.

3- Crear marcos educativos, materiales, procesos y entornos que permitan experiencias eficaces de aprendizaje para un liderazgo responsable.

4- Comprometerse con una investigación conceptual y empírica de que los avances en nuestra comprensión sobre el papel, la dinámica y el impacto de las corporaciones en la creación de valor sostenible social, ambiental y económico.

5. Interactuar con los directores de las corporaciones empresariales para ampliar el conocimiento de sus desafíos en el cumplimiento de las responsabilidades sociales y ambientales y para explorar conjuntamente efectivos de enfrentar tales desafíos.

6- Facilitar y apoyar el diálogo y el debate entre los educadores, negocios, gobierno, consumidores, medios de comunicación, organizaciones de la sociedad civil y otros grupos interesados y las partes interesadas sobre temas críticos relacionados con la responsabilidad social global y la sostenibilidad.

Bibliografía de referencia

- Arroyo Valenciano, Juan Antonio. Blog: administración de la educación; Sección: present yourself; Blogger: slideshare.net; 2009 http://www.slideshare.net/Jarval/administracion-de-la-educacin-1671803
- Barragán, Roberto. Sociología industrial. Caps. 1 y 2. México. Editorial Trillas. 1967.
- BATEMAN Thomas y Snell Scott.- Administración una ventaja competitiva.- 4° edición.- Editorial Mc Graw Hill.- México
- BATEMAN, Thomas S. y Snell, Scout A. Administration, el nuevo panorama competitivo, México, Mc Graw Hill,4° Edición, 2000, 685 pp.
- Blog: administración escolar; Blogger: tareasya.com.mx; 2011 http://tareasya.com.mx/index.php/profesores/maestro-de-excelencia/escuela- modelo/la-administracion-escolar.html
- Buchele, Robert F. The management of business and public organizations. Series in Management. 1ª edición. Cap.1. U.S.A. Mc. Graw Hill. 1977
- Daft Richard L., Introducción a la Administración, 6° edición, México, Cengage, 2010
- Espaillat, Emiliano. Blog: Administración educativa; Blogger: educanblog.
- Espaillat, Emiliano. Blog: Funciones principales de la administración educativa, República Dominicana. http://educanblog.educando.edu.do/index.php?blogId=1176
- Facultad de Comercio y Administración. Lecturas de administración. Vol. 2. Cap.1. México. UNAM. 1974
- Fayol Henry, Principios generales de Administración, México, Trillas, 2009
- Fernández Arena, José Antonio. Introducción a la administración. Cap 2. México, UNAM. 1973.
- GOMEZ Ceja Guillermo. Sistemas administrativos, análisis y diseño. Mc Graw Hill, México, 2000.
- HAROLD Koontzny Heinz Heilhrich. Administración, una perspectiva global, Mc Graw Hill, México, 2004,12° Edición

http://educanblog.educando.edu.do/index.php?op=ViewArticle&articleId=48
74&blogId=1176

- Kazmier, Leonard J. Principles of management. 3ª edición. Cap. 1. U.S.A.
  Mc. Graw Hill. 1974
- Koontz Harold y Cyril O'Donnell. Curso de administración moderna. 5ª
  edición. Cap.1. Colombia. Mc. Graw Hill 1970
- Koontz Harold y Heihrich Heinz, Administración una perspectiva global,
  México, Mc Graw Hill, 2008
- LEROY69 (seudónimo). Blog: administración educativa; Sección: temas
  variados; blogger: Sitio Buenas tareas; 2010.
- Maier, Norman R. Introducción a la psicología industrial. Madrid. Editorial
  Rialp. 1970
- Martínez Martínez Miguel Angel, Elementos de organización de empresas,
  España, 2007
- Massie, Joseh L. Bases esenciales de la administración. 3ª. Edición. Cap.
  1. México. Editorial Diana. 1973
- Reyes Ponce, Agustín. Administración de empresas, 1ª parte. Caps. 1 y 2.
  México. Editorial Limusa. 1973
- ROBBINS Stephen P., Coulter Mary.- Administración 8° edición.- Editorial
  Prentice Hall.- México
- Sisk, Henry L., y Sverdlik Mario. Administración y gerencia de empresas. 1ª
  edición. Cap. 1. E.U.A. Southwestern Publishing Co. 1976
- Smith, Richard L. La administración basada en la contabilidad. Cap. 2.
  México. CECSA. 1968.
- Temuco, Lyentur. Blog: Gestión y administración educativa;
  Blogger:blogspot.com; 2008 http://lyentur.blogspot.com/2008/06/gestion-y-
  administracin-educativa.html
- Terry, George R. Principios de administración. 5ª edición. Cap. 1. Buenos
  Aires. CECSA. 1968
- UN Global Compact. Blog: the principles for responsible management
  education.

2007.http://www.gestrategica.org/templates/listado_recursos.php?id_rec=24 9&id_cl=1

- Villegas, Adriana et al. Blog: Administración de la educación; Sección: Administración y finanzas; Blogger: monografías.com 2008 www.monografias.com › Administración y Finanzas

2

La institución educativa como objeto de gestión

2. La institución educativa como objeto de gestión

2.1 Necesidad, criterios y derechos de la educación

La necesidad de educar ha estado presente en los colectivos humanos desde las etapas iniciales del "homo sapiens", en su desarrollo inicial no se tomaba en cuenta los intereses y necesidades de la mayoría de la población. En la actualidad los estados nacionales, familias e individuos reconocen la importancia del conocimiento para lograr el desarrollo social y personal a lo que se aspira, expresándose en los resultados de la gran mayoría de los estudios e investigaciones sobre el tema, la importancia del hombre portador del conocimiento al constituirse en el elemento más valioso en la competitividad del mundo globalizado, significándose que el recurso humano portador del conocimiento, tiene más valor en el desarrollo social y económico que la mano de obra barata o los recursos naturales.

Múltiples criterios de cómo definir la educación se han elaborado, sus autores en general dentro de la cultura que poseen; en general se considera que la misma tiene una concepción integradora, a continuación se seleccionan dos ideas expresadas por José Martí[1] cuando dijo, "Educar es depositar en cada hombre toda la obra humana que le ha antecedido: es hacer a cada hombre resumen del mundo viviente, hasta el día en que vive, es ponerlo al nivel de su tiempo para que flote sobre él, y no dejarlo debajo de su tiempo con lo que no podrá salir a flote; es preparar al hombre para la vida"[i]; posteriormente refiere "La educación, pues, no es más que esto: la habilitación de los hombres para obtener con desahogo y

---

[1] José Martí, uno de los líderes del proceso de liberación de Cuba en el siglo XIX, reconocido por sus aportes en la construcción de la futura nación.

honradez los medios de vida indispensables en el tiempo en que existen, sin rebajar por eso las aspiraciones delicadas, superiores y espirituales de la mejor parte del ser humano"[ii].

En las ideas anteriores están presentes la visión del compromiso ético y sentido del deber no desde un punto de vista individualizado, sino con compromiso social que parte desde la familia, pasando por la comunidad, su país y el mundo, es expresión precisa del portador de esas ideas.

En la educación es necesario significar el papel de los maestros en presente y futuro, donde los cambios en la sociedad no sólo deben ser tomados en consideración en la realidad actual, sino que la misma es un proceso que requiere de actualización con las respuestas necesarias que permita a la persona asumir las decisiones responsables y acordes con la ética y moral requerida.

Esa educación debe ofrecer el espacio para el conocimiento de la historia no solo aquella propia de su comunidad o país del estudiante, también es necesario para comprender en el presente la historia del mundo. La misma debe capacitar al estudiante no sólo a conocer, sino también a comprender, a construir sus valores, a ofrecer sus propios criterios todo ello desde una base de solidaridad y compromiso.

La profesora Margarita Gálvez[iii] en su artículo, ofrece de José de la Luz y Caballero[2] las siguientes reflexiones:

- "Educar no es dar carrera para vivir, sino templar el alma para la vida".
- "Instruir puede cualquiera, educar, solo quien sea un evangelio vivo".
- "Solo una educación liberadora y participativa contribuye a despertar la conciencia crítica en un ambiente donde educandos, padres y maestros

---

[2] José de La Luz y Caballero filósofo cubano de significativa importancia en la educación de su país en el siglo XIX.

formen una comunidad educativa y tengan como fin despertar la conciencia de todos sus miembros, elevar su autoestima...".

En las ideas anteriores se destaca el compromiso social de los maestros a partir de su ejemplo y los retos que enfrenta en su trabajo cotidiano, en ocasiones poco reconocido en la sociedad.

A partir del eslabón inicial de lograr un aprendizaje que permita leer y escribir, no resulta este el único lastre social educativo a superar como se reconoce en las propuestas de Naciones Unidas y la UNESCO, entre otras importantes instituciones. El énfasis en el analfabetismo no debe considerarse aislado de los niños y jóvenes que no tienen cobertura de los servicios educativos, de aquellos que no tienen la posibilidad de continuar estudiando una vez que alcanzan el sexto grado, de los que no pueden utilizar los servicios que ofrecen las tecnologías de la información y las comunicaciones (TICs), de los que no pueden obtener una titulación de nivel superior y desarrollar sus intereses como profesores, investigadores e innovadores.

Aún se emprenden acciones por erradicar el analfabetismo, en una realidad social que exige mayores niveles de conocimiento esto sigue constituyendo un reto para la Humanidad, es necesario retoma lo expresado en la Declaración Universal de los Derechos Humanos 1948[iv] emitida por Naciones Unidas, en la que establece su artículo 26 lo siguiente:

"1. Toda persona tiene derecho a la educación. La educación debe ser gratuita, al menos en lo concerniente a la instrucción elemental y fundamental. La instrucción elemental será obligatoria. La instrucción técnica y profesional habrá de ser generalizada; el acceso a los estudios superiores será igual para todos, en función de los méritos respectivos.

2. La educación tendrá por objeto el pleno desarrollo de la personalidad humana y el fortalecimiento del respeto a los derechos humanos y a las libertades

fundamentales; favorecerá la comprensión, la tolerancia y la amistad entre todas las naciones y todos los grupos étnicos o religiosos, y promoverá el desarrollo de las actividades de las Naciones Unidas para el mantenimiento de la paz.

3. Los padres tendrán derecho preferente a escoger el tipo de educación que habrá de darse a sus hijos".

En la actualidad la educación es mucho más exitosa para los segmentos poblacionales de élites, caracterizados por sus mayores recursos económicos e influencia social, ya en general, ha sido proscripta a nivel teórico pero lamentable no es aún así en el orden práctico, a pesar de los objetivos de la UNESCO, analizados, entre otros documentos en el "Informe La Educación para todos 2000-2015"[v] en cuyo prólogo se refieren los antecedentes en el año 2000, en el *Foro Mundial sobre la Educación* que se celebró en Dakar (Senegal)[3], donde 164 gobiernos concertaron el *Marco de Acción de Dakar - Educación para Todos: cumplir nuestros compromisos comunes,* lo que posteriormente son retomados en los objetivos de desarrollo del milenio (ODM) 2015.

2.2 Los principios de la educación para todos (Dakar, Senegal)

Los **principios de la Educación para Todos (EPT)**, que tuvieron su origen en Dakar[vi], fueron los siguientes:

- La educación es el arma más eficaz contra la pobreza; ningún país ha conseguido erradicar la pobreza sin educación.

- La educación de las mujeres y las niñas es un factor decisivo, independientemente de que se persiga el objetivo de aumentar el número de

[3] FORO MUNDIAL SOBRE LA EDUCACIÓN, celebrado en DAKAR, SENEGAL, 20 AL 28 ABRIL DE 2000

personas alfabetizadas y el nivel de vida, o de disminuir las tasas de mortalidad y el crecimiento demográfico.

- El concepto de aprendizaje a lo largo de toda la vida ha reemplazado la distinción tradicional que se establecía entre los años pasados en la escuela y la vida después de las aulas.
- El aprendizaje es la clave del desarrollo sostenible.
- La educación debe llegar hasta los excluidos.
- Cuanto mejor sea el aprendizaje, mejor será la calidad de vida.
- El acceso a la educación y la calidad de la educación son los factores determinantes de su éxito.
- Adaptación y flexibilidad son las nuevas competencias en materia de supervivencia para afrontar los retos de un mundo en rápida mutación.
- La educación sensibiliza a la defensa del medio ambiente, contribuye a un mejor conocimiento de los derechos y deberes fundamentales, y fomenta una mayor participación en la acción cívica.

2.3 Doce estrategias para lograr los objetivos de Educación para Todos (EPT)

En Dakar se propusieron las doce estrategias[vii] que se relacionan a continuación, las cuales permiten también valorar la complejidad de la gestión y planificación de un sistema nacional de educación.

- Aumentar de manera considerable la inversión en educación básica.
- Fomentar políticas de EPT en el marco de una actividad sectorial bien integrada vinculada con la eliminación de la pobreza.
- Velar por el compromiso de la sociedad civil con las estrategias de fomento de la educación.
- Crear sistemas de buen gobierno y gestión de la educación que sean capaces de rendir cuentas.
- Atender a las necesidades de los sistemas de educación afectados por conflictos e inestabilidad.
- Aplicar estrategias integradas para lograr la igualdad entre los géneros.

- o Poner en práctica actividades para luchar contra el VIH y el Sida.
- o Crear un entorno educativo seguro, sano, integrado y dotado de recursos distribuidos de modo equitativo.
- o Mejorar la condición social, el ánimo y la competencia profesional de los docentes.
- o Aprovechar las tecnologías de la información y la comunicación.
- o Supervisar sistemáticamente los avances realizados.
- o Aprovechar los mecanismos existentes. Juntar la información

El sistemático seguimiento al logro de los objetivos que se refieren en el Informe EPT 2000-2015[viii], antes referido, refleja un significativo avance pero aún insuficiente; entre los resultados positivos está la disminución del número de niños y adolescentes sin escolarizar en casi la mitad desde 2000. Se estima que se habrá escolarizado a 34 millones de niños más, gracias a la aceleración de los avances desde Dakar. Los mayores avances se lograron en la paridad entre los sexos, sobre todo en la enseñanza primaria, aunque sigue habiendo disparidades de género en casi la tercera parte de los países con datos. Refiere una mayor la participación gubernamental en la medición de los resultados del aprendizaje mediante evaluaciones nacionales e internacionales, que permite evaluar la calidad educativa que se les prometió.

En el prólogo de dicho Informe se plantea por la Sra. Irina Bocova, Secretaria General de lo UNESCO que: "En el mundo todavía hay 58 millones de niños sin escolarizar y otros 100 millones que no terminan la enseñanza primaria. La desigualdad en la educación ha aumentado, y los más pobres y desfavorecidos cargan con las peores consecuencias. La probabilidad de no ir a la escuela es cuatro veces mayor entre los niños más pobres del mundo que entre los más ricos, y cinco veces mayor la de no terminar la enseñanza primaria. Los conflictos siguen siendo enormes barreras para la educación, y la ya elevada proporción de niños sin escolarizar que vive en zonas de conflicto va en aumento. Globalmente, la mala calidad de aprendizaje en la enseñanza primaria hace que todavía haya millones de niños que dejan la escuela sin haber adquirido las competencias básicas.

Además, la educación sigue estando insuficientemente financiada. Muchos gobiernos han incrementado el gasto educativo, pero pocos han dado prioridad a la educación en los presupuestos nacionales y la mayoría le asigna menos del 20% recomendado para subsanar los déficits de financiación. Algo similar ocurre con los donantes que, tras impulsar en un principio los presupuestos de ayuda, han reducido desde 2010 su apoyo a la educación y no han dado la suficiente prioridad a los países más necesitados".

También expresa "...sin embargo, a pesar de este progreso, 15 años de seguimiento muestran unos resultados discretos...".

Los resultados que aparecen resumidos en el Informe refieren que:
- ✓ Sólo un tercio de países lograron todas las metas mesurables de la Educación para Todos.
- ✓ 50% de países lograron matrícula universal en primaria. 10% están a punto de hacerlo.
- ✓ En 2012 había 121 millones de niños y jóvenes sin escolarizar (en 1999 eran 204 millones).
- ✓ Los niños pobres tienen cinco veces más probabilidades que los ricos de abandonar los estudios primarios.

Sin lugar a dudas en la actualidad se mantienen retos en el cumplimiento de los derechos humanos; hay insuficiencias en los servicios educacionales que a nivel mundial están aún tienen pendientes con la sociedad y es posible identificar un conjunto de acciones que corresponde realizar a la gestión y planificación de la educación.

Las propuestas consensuadas en Dakar deben calificarse de paradigmáticas a partir de los elementos claves para el desarrollo y sobrevivencia de la humanidad que las mismas subrayan y que breve tiempo después fueron también reconocidas en los Objetivos de Desarrollo del Milenio 2000-2015 a los que más adelante se hará referencia.

En los retos a la educación no sólo han crecido los aspectos cuantitativos sino también cualitativos, ya que un país que pretenda alcanzar un nivel de vida adecuado para su población debe formar profesionales de nivel superior, científicos e innovadores. La existencia de las nuevas tecnologías de la información y las comunicaciones (TICs) enriquece las posibilidades para ampliar los resultados pero también surgen nuevas concepciones equivocadas en relación a que las mismas pueden sustituir la labor del maestro lo cual puede impactar negativamente en la formación de los valores, así como los riesgos de exclusión tomando en consideración las políticas vigentes y el insuficiente apoyo económico a los sectores más desfavorecidos para poder acceder a los servicios educacionales.

Las TICs no son totalmente libres, ni gratuitas, su disponibilidad tiene alta relación con los recursos tecnológicos y de recursos financieros existentes. El 40% de la población mundial utilizará Internet a finales de 2014, lo que supone que el número de usuarios de Internet alcanzará los 3.000 millones. Por otra parte, la penetración de la banda ancha alcanzará el 32%, lo que se traduce en 2.300 millones de abonados en todo el mundo, también a finales de año, según los datos que ha dado a conocer la Unión Internacional de Telecomunicaciones (UIT), ésta ha señalado que de los 3.000 millones de usuarios que utilizan Internet, el 78% se encuentra en países desarrollados y el 32% restante en países en vías de desarrollo, y ha indicado, asimismo, que en África en una tendencia positiva el 20% de la población estará conectada a finales de 2014[ix], entre otra comprobaciones es evidente señalar que los países desarrollados tienen mucha más posibilidades de conexión lo que puede favorecer los resultados de sus procesos educativos.

En referencia a la educación superior, uno de los debates más importantes se realizó en la Conferencia Mundial que tuvo lugar en el año 1998[x], en cuya Declaración Final, entre otros ideas se plantea: "La segunda mitad de nuestro siglo pasará a la historia de la educación superior como la época de **expansión** más espectacular; a escala mundial, el número de estudiantes matriculados se multiplicó por más de seis entre 1960 (13 millones) y 1995 (82 millones). Pero también es la época en que se ha agudizado aún más la disparidad, que ya era enorme, entre los países industrialmente desarrollados, **los países en desarrollo y en particular los países menos adelantados** en lo que respecta al acceso a la educación superior y la investigación y los recursos de que disponen. Ha sido igualmente una época de mayor estratificación socioeconómica y de aumento de las diferencias de oportunidades de enseñanza dentro de los propios países, incluso en algunos de los más desarrollados y más ricos. Si carece de instituciones de educación superior e investigación adecuadas que formen a una masa crítica de personas cualificadas y cultas, ningún país podrá garantizar un auténtico desarrollo endógeno y sostenible; los países en desarrollo y los países pobres, en particular, no podrán acortar la distancia que los separa de los países desarrollados industrializados. El intercambio de conocimientos, la cooperación internacional y las nuevas tecnologías pueden brindar nuevas oportunidades de reducir esta disparidad".

Dicha Conferencia apoyo el fortalecimiento de los vínculos del sistema nacional de educación (SNE) y entre los impactos en el planeamiento de la educación se necesidad de buscar un análisis más integral del SNE, relacionando la preparación en los diversos niveles educativos con las necesidades de personal calificado en las empresas de producción y servicios, lo que se evidencia, entre otras ideas de la Declaración Final, en el análisis de la misión de la educación superior al plantear en su Artículo 1, párrafo a), lo siguiente: "...**formar diplomados altamente cualificados** y ciudadanos responsables, capaces de atender a las necesidades de todos los aspectos de la actividad humana, ofreciéndoles cualificaciones que estén a la altura de los tiempos modernos, comprendida la capacitación profesional, en las que se combinen los conocimientos teóricos y prácticos de alto nivel mediante cursos y programas que estén constantemente adaptados a las necesidades presentes y futuras de la sociedad;...". Y en el artículo 6, inciso c) al referir "La educación superior debe aumentar su contribución al **desarrollo del conjunto del sistema educativo,** sobre todo mejorando la formación del personal docente, la elaboración de los planes de estudio y la investigación sobre la educación".

En el artículo 11, inciso a) refiere: "La gestión y el financiamiento de la enseñanza superior exigen **la elaboración de capacidades** y **estrategias apropiadas de planificación y análisis de las políticas,** basadas en la cooperación establecida entre los establecimientos de enseñanza superior y los organismos nacionales de planificación y de coordinación a fin de garantizar una gestión debidamente racionalizada y una utilización sana de los recursos. Los establecimientos de enseñanza superior deberían adoptar **prácticas de gestión con una perspectiva de futuro que responda a las necesidades** de sus entornos. Los administradores de la enseñanza superior deben ser receptivos, competentes y capaces de evaluar regularmente -mediante mecanismos internos y externos- la eficacia de los procedimientos y las reglas administrativos".

Los pronunciamientos referidos favorecieron la comprensión de la necesidad de una mayor preparación del personal a cargo de las tareas en las instituciones de educación superior, en particular los directivos; mediante una búsqueda de los candidatos a esos cargos que no fuera sesgada por una visión unilateral de la experiencia académica (docencia e investigación) y con un plan de superación profesional sistemática de los mismos.

En el desarrollo histórico de la gestión institucional, es necesario destacar que las entidades y empresas dedicadas a la fabricación y venta de productos y/o servicios tuvieron un desarrollo en esta importante función en una etapa más temprana que la instituciones escolares, a partir de que para estas últimas, su sobrevivencia no estaba tan estrechamente condicionada a los resultados que implicarán ingresos económicos por la prestación de sus servicios.

La Conferencia Regional sobre Educación Superior para América Latina y el Caribe (CRES) que tuvo lugar en Cartagena de Indias (el 2008), previa a la Conferencia Mundial, inicia su declaración final con la siguiente afirmación: "La Educación Superior es un bien público social, un derecho humano y universal y un deber del Estado. Ésta es la convicción y la base para el papel estratégico que debe jugar en los procesos de desarrollo sustentable de los países de la región[xi]".

En la mencionada declaración, entre otros aspectos que contribuyen a guiar el análisis sobre la importancia de la gestión y planeación de la educación superior, se propone en el punto B (párrafos 1 y 3), lo siguiente:

"El carácter de bien público social de la Educación Superior se reafirma en la medida que el acceso a ella sea un derecho real de todos los ciudadanos y ciudadanas. Las políticas educacionales nacionales constituyen la condición necesaria para favorecer el acceso a una Educación Superior de calidad, mediante estrategias y acciones consecuentes.

Considerando la inmensa tarea de expandir la cobertura que se presenta para los países de América Latina y el Caribe, tanto el sector público como el privado están obligados a otorgar una Educación Superior con calidad y pertinencia, por lo que los gobiernos deben fortalecer los mecanismos de acreditación que garanticen la transparencia y la condición de servicio público".

El punto C (párrafo 4) permite destacar la importancia de las respuestas que se requieren en la sociedad al caracterizar América Latina y el Caribe como: "La Educación Superior, en todos los ámbitos de su quehacer, debe reafirmar y fortalecer el carácter pluricultural, multiétnico y multilingüe de nuestros países y de nuestra región".

De otra parte en punto E (párrafo 13) se plantea: "Las instituciones de Educación Superior de la región necesitan y merecen mejores formas de gobierno, capaces de responder a las transformaciones demandadas por los contextos internos y externos. Eso exige la profesionalización de los directivos y una vinculación clara entre la misión y propósitos de la institución y los instrumentos de gestión".

Lo anterior implica accionar en diversas direcciones básicas de la gestión, tales como i) favorecer la cobertura de la demanda de cursar una carrera, ii) garantizar la flexibilidad que reclaman los cambios en la sociedad, iii) preparar a sus directivos iv) ampliar la cultura institucional en estos aspectos, v) controlar y mejorar la calidad del proceso con el aseguramiento financiero necesario para ello; todo ello en los marcos de la diversidad cultural y étnica de la región.

Como un elemento no menos importante se toman a continuación en cuenta algunos valiosos pronunciamientos de la Conferencia Mundial sobre la Educación Superior – 2009: La nueva dinámica de la educación superior y la investigación para el cambio social y el desarrollo[xii]; en su Preámbulo refiere: "La recesión económica actual podría ampliar la brecha que en materia de acceso y calidad separa a países desarrollados y países en desarrollo y que se manifiesta también en el interior de los países, lo que plantearía problemas adicionales a los países donde el acceso ya está restringido.

En ningún otro momento de la historia ha sido más importante que ahora la inversión en los estudios superiores, por su condición de fuerza primordial para la construcción de sociedades del conocimiento integradoras y diversas, y para fomentar la investigación, la innovación y la creatividad".

Lo anterior añade en el análisis de las tareas de la gestión de la educación superior, la presencia necesaria de la investigación y la innovación en las instituciones de educación superior (IES).

En resumen al reflexionar sobre temas tratados en las tres reuniones[4] antes referidas, auspiciadas por la UNESCO, se evidencia la complejidad de la las IES

---

[4] Conferencia Mundial de Educación Superior 1998; Conferencia Regional de Educación Superior 2008 y

cuyo impacto en su gestión puede sobrepasar en muchos casos los que se producen en empresas de producción y servicios.

2.3.1 Objetivos del desarrollo del Milenio 2000 – 2015

En el año 2000 a partir de una convocatoria de Naciones Unidas tuvo lugar una gran mayoría de jefes de estado participaron en un análisis y aprobación de los Objetivos de Desarrollo del Milenio 2000-2015[xiii]. Se acordaron 8 objetivos y 18 metas, lo cual apoyó y amplió los compromisos de los países, en los esfuerzos por lograr una vida digna a la población mundial.

2.3.2 Objetivos para el 2015 de la EPT

Los objetivos se relacionan a continuación:

1. Erradicar la pobreza extrema y el hambre.

2. Lograr la enseñanza primaria universal.

3. Promover la igualdad entre los sexos y la autonomía de la mujer.

4. Reducir la mortalidad de los niños menores de 5 años.

5. Mejorar la salud materna.

6. Combatir el VIH/SIDA, el paludismo y otras enfermedades.

7. Garantizar la sostenibilidad del medio ambiente.

8. Fomentar una asociación mundial para el desarrollo.

Al analizar los ocho objetivos propuestos para el 2015 puede identificarse la presencia de la educación en todos ellos, de manera que la gestión de la educación requiere de una visión perspectiva más amplia que un estrecho criterio

Conferencia Mundial de Educación Superior 2009.

de lograr los conocimientos en los estudiantes, hay otros aspectos éticos y morales muy importantes cuyos objetivos debe apoyar la gestión educativa. El resultado alcanzado ha sido alentador pero aún insuficiente.

Una valoración de los resultados de los ODM 2015, la ofrece el Secretario General de las Naciones Unidas, Sr. Bank Ki-Moon[xiv], al expresar:

"Las experiencias y las pruebas de los esfuerzos para alcanzar los ODM han mostrado que sabemos qué hacer. Pero para lograr mayores progresos necesitaremos una voluntad política inquebrantable y un esfuerzo colectivo a largo plazo. Tenemos que enfrentar las raíces de las causas y hacer más por integrar las dimensiones económicas, sociales y ambientales del desarrollo sostenible. La emergente agenda para el desarrollo después de 2015, que incluirá un conjunto de Objetivos de Desarrollo Sostenible, pugna por reflejar estas lecciones, construir sobre la base de nuestros éxitos, y encaminar juntos y firmemente a todos los países hacia un mundo más próspero, sostenible y equitativo.

Al reflexionar sobre los ODM, y con vistas a los próximos quince años, no existen dudas de que podemos cumplir con nuestra responsabilidad compartida para poner fin a la pobreza, sin excluir a nadie, y crear un mundo digno para todos".

2.3.3 Objetivos para el desarrollo sostenible

El proyecto de documento final de la cumbre de Naciones Unidas para la aprobación de la agenda sobre el desarrollo 2015-2030[xv], plantea "Transformar nuestro mundo: la Agenda 2030 para el Desarrollo Sostenible", se refieren los 17 Objetivos de Desarrollo Sostenible y las 169 metas, argumentando la magnitud de esta ambiciosa nueva Agenda universal, se argumenta lo que permitiría retomar los Objetivos de Desarrollo del Milenio y lograr lo que con ellos no se consiguió.

De manera textual se expresa: "También se pretende hacer realidad los derechos humanos de todas las personas y alcanzar la igualdad entre los géneros y el empoderamiento de todas las mujeres y niñas. Los Objetivos y las metas son de carácter integrado e indivisible y conjugan las tres dimensiones del desarrollo sostenible: económica, social y ambiental".

A continuación se relacionan los Objetivos de Desarrollo Sostenible (2015-2030).

1. Poner fin a la pobreza en todas sus formas en todo el mundo.

2. Poner fin al hambre, lograr la seguridad alimentaria, y mejora de la nutrición y promover la agricultura sostenible.

3. Garantizar una vida sana y promover el bienestar para todos en todas las edades.

4. Garantizar una educación inclusiva, equitativa y de calidad y promover oportunidades de aprendizaje durante toda la vida para todos.

5. Lograr la igualdad entre los géneros y empoderar a todas las mujeres y niñas.

6. Garantizar la disponibilidad de agua y su gestión sostenible y el saneamiento para todos.

7. Garantizar el acceso a una energía asequible, segura, sostenible y moderna para todos.

8. Promover el crecimiento económico sostenido, inclusivo y sostenible, el empleo pleno y productivo y el trabajo decente para todos.

9. Construir infraestructuras resilientes, promover la industrialización inclusiva y sostenible y fomentar la innovación.

10. Reducir la desigualdad en y entre los países.

11. Lograr que las ciudades y los asentamientos humanos sean inclusivos, seguros, resilientes y sostenibles.

12. Garantizar modalidades de consumo y producción sostenibles.

13. Adoptar medidas urgentes para combatir el cambio climático y sus efectos[5].

14. Conservar y utilizar en forma sostenible los océanos, los mares y los recursos marinos para el desarrollo sostenible.

15. Proteger, restablecer y promover el uso sostenible de los ecosistemas terrestres, gestionar los bosques de forma sostenible, luchar contra la desertificación, detener e invertir la degradación de las tierras y poner freno a la pérdida de la diversidad biológica.

16. Promover sociedades pacíficas e inclusivas para el desarrollo sostenible, facilitar el acceso a la justicia para todos y crear instituciones eficaces, responsables e inclusivas a todos los niveles.

17. Fortalecer los medios de ejecución y revitalizar la Alianza Mundial para el desarrollo sostenible.

Se significa en los nuevos ODM 2030, la prioridad que se da a la lucha contra la pobreza, al igual que en los anteriores, además si se toman en cuenta los principios aprobados en Dakar, se reafirma la necesidad de lograr una gestión educativa exitosa que permita alcanzar los objetivos trazados por las instituciones docentes y eliminar esa injusticia social.

La complejidad de la gestión educativa a realizar exige considerar como uno de sus elementos principales la planificación. Dada las características de los servicios educacionales es aconsejable, entre los diversos métodos a utilizar considerar la visión prospectiva, es decir tomar como punto de partida que objetivos se pretenden alcanzar en un mediano y largo plazo.

---

[5] Reconociendo que la Convención Marco de las Naciones Unidas sobre el Cambio Climático es el principal foro intergubernamental internacional para negociar la respuesta mundial al cambio climático

El objetivo de los servicios educacionales debe tomar en cuenta a toda la población, con ofreciendo diversas actividades según los intereses individuales y sociales, algunos elementos que deben tomarse en cuenta para la planificación a partir del financiamiento previsto (estatal y/o privado) son los siguientes:

- ✓ El estudio de la población que deberá recibir los servicios educativos, teniendo en cuenta las edades propia para los diversos niveles de educación (primaria, secundaria, terciaria y posgrado u otros cursos).

- ✓ La escolarización alcanzada y los objetivos propuestos a lograr.

- ✓ La eficiencia histórica del sistema educativo que incluye: el acceso, las bajas, los que deben repetir en el período siguiente el mismo curso por no haber alcanzado los resultados necesarios. En resumen los estudios de cohorte que permiten conocer cuántos egresan de aquellos que ingresaron.

- ✓ Características del territorio, zonas urbanas, rurales y de éstas las de difícil acceso.

- ✓ Los resultados obtenidos en la calidad de los servicios educativos y a qué nivel se espera llegar.

Se enfatiza que se requiere la máxima aproximación de la ciencia económica a la producción y los servicios, entre ellos el educativo. Lo principal de la planificación es aprovechar de la manera más racional y eficaz los recursos económicos, laborales y financieros, aplicar innovadoramente los resultados científicos para alcanzar los resultados esperados (Karatae R. y otros[xvi]).

Resulta necesario conocer experiencias de otros países para favorecer el análisis y comparaciones internacionales a través de los documentos emitidos por organismos internacionales especializados tal como la UNESCO, cuya

Clasificación Internacional Normalizada de la Educación 2011 (CINE 2011) y el Manual de Campos de Educación y Capacitación 2013 de la CINE (ISCED-F 2013) deben ser documentos de estudio y ser utilizados por los directivos y los profesores de las instituciones docentes.

En las propuestas de la profesora Elvira Martín[xvii] puede analizarse una visión integradora que favorece la solución de problemas propios de los servicios educativos, así la misma sugiere:

"En el entramado social en el que se desarrollan las políticas y acciones educacionales, hay que tomar en cuenta los efectos de las diversas actuales crisis mundiales para lograr los servicios equitativos e inclusivos necesarios hacia un desarrollo humano sostenible de la población con énfasis en la atención de los sectores más desfavorecidos. Se enfatiza que el modelo económico neoliberal vigente, predominante en la mayoría de los países, resulta una barrera significativa en la búsqueda de las soluciones necesarias.

La Educación no es solamente un encargo social para profesores, estudiantes, trabajadores del sector educacional y la familia; sino que debe ser un compromiso de todos los miembros de la sociedad, cuya participación favorecerá positivamente las políticas educacionales nacionales.

En numerosas ocasiones se implica a la Educación en la mayoría de los problemas sociales que se originan en diversas esferas; sin minimizar la importancia del accionar de este Sector para apoyar la solución de los mismos, es necesario enfatizar que la responsabilidad es de toda la sociedad y no sólo de dicho sector.

.....¿qué importancia tiene el sector de la Educación en el entramado social?, teniendo en consideración que la sociedad se integra por un numeroso y complejo conjunto de sectores, los cuales deben cumplir sus objetivos sociales, es importante enfatizar que dicho Sector forma parte de ese entramado y con ello se generan interrelaciones que deben considerarse al analizar el quehacer y los resultados que se logren alcanzar en el desarrollo de sus funciones sustantivas, tanto en la formación de los niños, jóvenes y adultos, la superación del personal calificado en los diferentes niveles educacionales, así como en la extensión de los servicios educacionales a las comunidades y empresas y no por último menos importante, la investigación científica e innovación, estas últimas, desarrolladas esencialmente por las instituciones del nivel superior del Sistema Nacional de Educación, en la experiencia de América Latina y el Caribe.

En las experiencias latinoamericanas y caribeñas, dado resultados ya alcanzados, es posible diseñar y consensuar nuevas acciones superando barreras existentes, que favorezcan aún más los vínculos de la Educación con otras entidades de la sociedad para lograr mayor eficiencia en la responsabilidad social, compromiso que implica a toda la sociedad".

Al tomar en cuenta que las instituciones educativas en el cumplimiento de su responsabilidad social en sus diversas misiones, debe desarrollar con calidad sus diversas funciones, no es solamente el desempeño docente la condición necesaria; el trabajo institucional tiene que en su gestión lograr resultados positivos, no desde una concepción de "a todo costo", sino que en su actividad los recursos empleados deben tener correspondencia con lo alcanzado, deben ser eficientes.

Es importante también destacar la importancia de la colaboración internacional, que de manera particular en las experiencias antes referidas expresan las posibilidades de fortalecer los esfuerzos nacionales e institucionales en la actividad educacional.

Resulta igualmente necesario tomar en cuenta el vínculo entre la economía y la política, ello determina las acciones asumidas por los dirigentes políticos del país en relación a la importancia y el papel de la educación, en particular desde el punto de vista de su carácter de bien público o privado en el nivel superior de

educación, en correspondencia con el papel del estado (Martín E. y Pesantez F[xviii])
.

La educación no es una responsabilidad de algunos miembros de la sociedad y de determinadas instituciones, es una responsabilidad de todos en la búsqueda de mejores condiciones de vida, la eliminación de la pobreza y la exclusión, evitar la degradación ambiental y lograr el triunfo de las ideas justas.

2.4 Importancia de los RANKIGS de las IES

Acerca de la importancia del posicionamiento de las instituciones de educación superior con los estudios denominados "RANKINGS"

En el mundo actual como parte de los resultados de la globalización se aprecia un amplio desarrollo en las relaciones entre las diversas entidades a nivel nacional e internacional que desarrollan sus actividades en áreas productivas y de servicios, en estas últimas se incluyen las instituciones docentes. En particular las entidades docentes en el nivel terciario o superior o universidades, son los objetivos que se analizan en los "rankings" .

A partir de sus funciones, principalmente la formación en pregrado/posgrado, la Investigación científica, la extensión universitaria y la gestión institucional, las alianzas académicas son cada vez más numerosas y se amplían igualmente los objetivos de trabajo que se establecen de forma conjunta y que determinan, el intercambio de profesores, de estudiantes, el reconocimiento entre los miembros de acreditaciones de títulos, cursos, programas y otras actividades. Para llegar a los acuerdos propios de una alianza se requiere que las partes tengan como resultado "ganar-ganar" y por ello se hacen necesarias las evaluaciones institucionales así como identificar el posicionamiento institucional a nivel nacional e internacional.

Es también una información requerida por los estudiantes, su familia, la comunidad y las entidades del estado nacional en sus diferentes niveles, disponer de la información que permita tomar las decisiones por la calidad y el prestigio de la institución docente, en la que es mejor cursar estudios o de otra parte apoyarla, tomando en cuenta el desarrollo económico y social del territorio, que puede tener un impacto considerable en la disponibilidad de financiamiento y apoyo de las diversas entidades de la sociedad en cuestión; las anteriores consideraciones permiten valorar la vinculación con la gestión y planeamiento institucional.

El Centro de las Universidades de Clase Mundial (Center for World-Class Universities – CWCU) en Shanghái, China[xix], concibió el proyecto de un "ranking" académico para las Universidades del mundo, a continuación se exponen algunas ideas proporcionadas por dicha institución.

- "El Ranking Académico de las Universidades del Mundo (Academic Ranking of World Universities - ARWU) fue publicado por primera vez en junio de 2003 por el Centro de las Universidades de Clase Mundial (Center for World-Class Universities - CWCU) de la Escuela Superior de Educación (anteriormente el Instituto de Educación Superior) de la Universidad Jiao

Tongde Shanghái de China, y se actualiza con periodicidad anual. ARWU utiliza seis indicadores objetivos para clasificar las universidades del mundo. Estos indicadores son el número de alumnos y profesores que han ganado premios Nobel y medallas Fields, el número de investigadores altamente citados, el número de artículos publicados en revistas de Nature y Science, el número de artículos indexados en Science Citation Index - Expanded (SCIE) y Social Sciences Citation Index (SSCI), y el rendimiento per cápita respecto al tamaño de una institución....se califica a más de 1.200 universidades al año y las 500 mejores se publican en la web.

- Aunque el ARWU se creó con el objetivo de conocer el posicionamiento de las universidades de educación superior en China en comparación con las universidades de clase mundial, ha concitado una gran atención por parte de universidades, gobiernos y medios de comunicación públicos en todo el mundo. ARWU ha sido citado por los medios de comunicación más influyentes en casi todos los países importantes. Cientos de universidades citaron los resultados de la clasificación en sus noticias del campus, informes anuales o folletos promocionales...

- Desde 2009, el Ranking Académico de Universidades del Mundo (ARWU) ha sido publicado y registrado por la Consultoría Ranking de Shanghái (Shanghái Ranking Consultancy). La Consultoría Ranking de Shanghái es una organización totalmente independiente que analiza la información sobre la educación superior y no está subordinada a ninguna universidad o agencia gubernamental".

- El proyecto referido toma en consideración los criterios, indicadores y peso proporcional en la evaluación, los mismos en el año 2004, según publicación del Instituto de Educación Superior de la Universidad Shanghai Jiao Tong, se proponían los siguientes:

- Criterio Calidad de la Educación, indicadores alumnos graduados que han obtenido premios Nobel o Medallas Fields (10%).

- Criterio Calidad de la Facultad, indicadores i) los premios Nobel y Medallas Fields obtenidos por los profesores (20%), ii) Citas bibliográficas de alto nivel de investigación en 21 categorías de contenidos (20%).

- Criterio Resultados Científicos, indicadores i) Articulos publicados en "Nature and Science" (20%), ii) Artículos en "Science Citation Index-expanded" y "Social Citation Index" (20%).

- Criterio Tamaño de la Institución, indicador Actuación de la institución con respecto a su tamaño (10%).

- En la experiencia internacional la metodología de los "rankings" implementados se han modificado frecuentemente, no obstante la de ARWU tiene una estabilidad reconocida por académicos como confiable[xx].

- Además del "ranking" de ARWU antes referido, en el grupo de los que más atención recibe, se incluye el "U.S. News"[xxi], entre sus principales indicadores de medición se encuentran:

- La evaluación de la reputación académica de los programa de pregrado por consultas a académicos de diferentes instituciones con altas responsabilidades de dirección.

- La tasa de retención de los estudiantes en la institución académica.

- Recursos del personal académico, en varios aspectos, como la proporción de clases con menos de 20 estudiantes y con más de 50.

- Recursos financieros relacionados con el promedio de gastos por estudiante en las áreas académicas, tales como investigación, instrucción, servicios estudiantiles y gastos relacionados con la educación.

- Comportamiento de la tasa de graduación.

- La experiencia de los "rankings" ha tenido en su historia diferentes niveles de éxito, en la actualidad la valoración de los mismos no se encuentra en niveles altos. Los indicadores establecidos para la medición pueden resultar polémicos a partir de los objetivos institucionales, su cultura y las respuestas que reclama la sociedad, así para la región latinoamericana y caribeña cabe preguntarse:¿por qué no se refieren indicadores sobre la cantidad de hijos de campesinos y obreros que acceden a instituciones de nivel superior?; ¿qué concepto de calidad se asume?; ¿cuál es valoración de la política institucional para favorecer el acceso y la permanencia de los estudiantes procedentes de sectores económicos y sociales menos favorecidos?, entre otras valoraciones necesarias.

- Apreciaciones de académicos constatan entre las críticas, la existencia de evidencias internacionales de acciones en universidades en la manipulación de la información que se ofrece; las ventajas para los países e instituciones cuyo idioma es el inglés, por el predominio del mismo en los sistemas académicos facilitando la comunicación y el acceso a publicaciones científicas de mayor nivel mundial; el carácter subjetivo de las consultas a otros expertos y finalmente las dificultades en la valoración objetiva de los resultados ante la diversidad y cambios metodológicos frecuentes.

- Es evidente que el análisis de los "rankings" forma parte de las actividades de gestión y financiamiento de las instituciones docentes en el nivel superior de educación; en los mismos se requiere tomar en cuenta dos visiones, la positiva referida a cuanto estos análisis pueden aportar a lograr una mayor calidad institucional y la negativa referida a el riesgo que subyace en estos mensajes que pueden llevar desde una visión mercantilista y/o ocultar la información real y no considerar cuales son las respuestas que la sociedad requiere.

Bibliografía de referencia

- ARWU. Acerca del Ranking Académico de las Universidades del Mundo. http://www.shanghairanking.com/es/aboutarwu.html 2 abril 2016

- Esquire Tecnología. Artículo Internet tendrá 3000 millones de usuarios en todo el mundo a fines 2014.

http://www.20minutos.es/noticia/2130398/0/internet/usuarios/mundo/#xtor=AD-15&xts=467263. 21 marzo 2016.

- Gálvez M. 1933. Artículo Qué es educar. Quién educa. http://www.convivenciacuba.es/index.php/educacin-mainmenu-57/39-qu-es-educar-quin-puede-educar 21 marzo 2016

- Hazelkorn E. y Gibson A. (2016). Another Year, Another Methodology: Are Rakings Telling Us Anything New. International Higher Education Number 84. Boston College U. S. A.

- IESCO-IESALC(b). Tendencias de la educación superior en América Latina y el Caribe. Capítulo 1, Didriksson et al. Pág. 39, 145. Capítulo 3, punto 3. Capítulo 4 punto 6, pág. 148 Capítulo 7, Villanueva E. pags. 263, 267 y 268. Caracas , 2008

- Karatae R., Stepanov y otros. 1980. Tareas de la Ciencia Económica. Historia de las Doctrinas Económicas- . Tomo II . Editorial Pueblo y Educación. La Habana Cuba.

- Martí J. 1883. artículo Escuela de electricidad, La América. Nueva York. EE. UU. O.C. 8:281.

- Marti J. 1884. Artículo Reforma esencia en el programa de las universidades americanas. Estudio de las lenguas vivas. Gradual desentendimiento del estudio de las lenguas muertas- La América. Nueva York. EE.UU. O.C. 8:428-429.

- Martín E. 2015. Ponencia La Educación y la Responsabilidad Social. Congreso Internacional Pedagogía 2015. Febrero. La Habana Cuba.

- Martin E. y Pesantez F. 2016. Publicación La Responsabilidad Social Universitaria, Paradigma de la nueva universidad. En proceso de edición.

- Naciones Unidas. 1948. Declaración Universal de Derechos Humanos. http://www.historiasiglo20.org/TEXT/decderechoshumanos.htm 19 enero 2007

- NN. UU. 2000. Indicadores de los Objetivos de Desarrollo del Milenio. ST/ESA/STAT/MILLENNIUMINDICATORSDB/WWW. 27 abril 2005.

- NN. UU. 2015. Proyecto de documento final de la cumbre de las Naciones Unidas para la aprobación de la agenda para el desarrollo después de 2015. http://200.23.8.225/odm/Doctos/TNM_2030.pdf 27 marzo 2016.

- NN.UU. 2015. Objetivos de Desarrollo del Milenio. Informe de 2015.

Prólogo. www.un.org/millenniumgoals

- Palmer E. 2015. How News Calculated the 2016 Best Colleges Rankings. http://www.usnewsuniversitydirectory.com/undergraduate-colleges/methodology-bc.aspx 2 abril 2016
- UNESCO. Foro Mundial sobre la Educación, Dakar, Senegal del 26 al 28 abril de 2000, Carpeta de Prensa.

- UNESCO. 1998. La Educación Superior en el Siglo XXI: Visión y acción. http://www.education.unesco.org/educprog/wche/presentation.htm   enero 1999.

- UNESCO. 2009. Comunicado de la Conferencia Mundial sobre la Educación Superior – 2009. http://www.unesco.org/education/WCHE2009/comunicado_es.pdf. 25 marzo 2016.

- UNESCO. 2015. Informe de Seguimiento de la EPT en el Mundo. 2015. http://unesdoc.unesco.org/images/0023/002325/232565s.pdf 18 marzo 2016

- UNESCO. 2015. Informe La Educación para Todos 2000-2015 Logros y Desafíos. Publicación UNESCO 2015. París.

- UNESCO. 2015. La educación para todos 2000-2015: logros y desfíos. http://es.unesco.org/gem-report/report/2015/la-educaci%C3%B3n-para-todos-2000-2015-logros-y-desaf%C3%ADos#sthash.woOckeel.dpbs 18 marzo 2016

- UNESCO.2008. Declaración y Plan de Acción de la Conferencia Regional de Educación Superior en América Latina y el Caribe. http://www.oei.es/salactsi/cres.htm marzo 25 2016

3

Sistema administrativo

3. Sistema administrativo

3.1. Concepto de sistema

En la actualidad se aprecia el explosivo crecimiento de organizaciones modernas, el cual ha creado retos que, a su vez, dan lugar al desarrollo de sistemas, mismos que hacen frente a la complejidad y multiplicación de las operaciones en forma bastante efectiva. De manera que toda organización, para realizar sus actividades en forma adecuada, necesita sistemas de trabajo orientados a lograr una coordinación integral de todos sus elementos. Aún no existe un concepto preciso de lo que es o representa un sistema de trabajo, ya que los diferentes autores y estudiosos de la administración no se han puesto de acuerdo y cada uno de ellos enfoca el problema desde diferente punto de vista y con mucha frecuencia, incluso, usa una terminología diferente. No obstante, se tratará de establecer un concepto de lo que significa, enfocándose básicamente en los elementos que de modo indistinto tratan los diferentes autores de la materia.

Un sistema es "una red de procedimientos relacionados entre sí y desarrollados de acuerdo con un esquema integrado para lograr una mayor actividad de las empresas".' Un sistema es "un ensamble de partes unidas por inferencia y que se lleva a cabo por las empresas para lograr así los objetivos de la misma". Un sistema es "una serie de objetos con una determinada relación entre ellos mismos y entre sus atributos".'

 Un sistema es "un arreglo ordenado de elementos o rutinas de un todo".

Sistema es un conjunto de componentes destinados a lograr un objetivo particular, de acuerdo con un plan.

Sistema es una serie de funciones, actividades u operaciones ligadas entre sí, ejecutadas por un conjunto de empleados para obtener el resultado deseado.

La figura 3.1 muestra la interrelación que existe entre el personal y la información para el logro de los objetivos.

Meschel Richard F., Management by System, McGraw-Hill, p. 10. 2 Place, Irene, Business Report Administrative Analysis, Michigan, p. 28. 'Hall, Artur D., Ingeniería de sistemas, Limusa, p. 94. Pan Myess G., Leonard, Idea for Management N. Y

Guillermo Gómez Ceja: "Un sistema es una serie de elementos que forman una actividad, un procedimiento o un plan de procedimientos que buscan una meta o metas comunes, mediante la manipulación de datos, energía o materia".

Como puede observarse, las definiciones varían: son congruentes en cuanto a su contenido, sin embargo, la utilización de términos como método, procedimiento y sistema, han dificultado la conceptualización de esos elementos para precisar un modelo de definición.

Con todos los elementos expuestos, es posible afirmar que sistema es el resultado de un conjunto de procedimientos previamente coordinados, destinados a un objetivo común (Fig. 3.2).

En todas las definiciones se implican elementos característicos de los sistemas como:

a) conjunto o combinación de cosas o partes;

b) integradas e interdependientes;

c) cuyas relaciones entre sí y con sus atributos, las hacen formar un todo unitario organizado;

d) que cumple con un propósito o realiza determinada función.

Lo anterior lleva a inferir que el funcionamiento del sistema es un conjunto complejo de interacciones entre las partes, componentes y procesos que lo integran que abarcan relaciones de interdependencia entre dicho complejo y su ambiente Si, además, el sistema es concebido como una entidad en la que influyen intereses humanos, actividades y cometidos, se puede concluir que sistema es una concepción

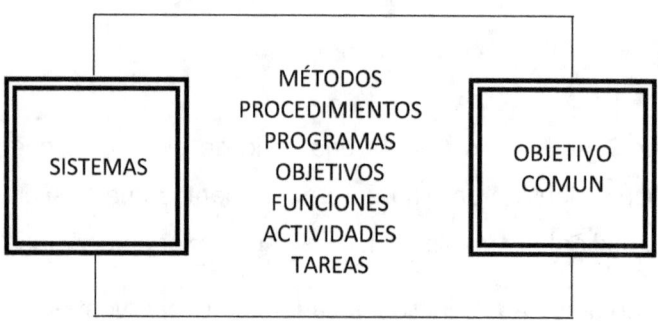

Figura 3.2 Partes interactuantes de un sistema

3.2. Sistema administrativo

El conjunto de componentes que interactúan entre si y se encuentran interrelacionados es el que recibe el nombre de Sistema administrativo, dicho en otras palabras, es lo que se encuentra vinculado a la administración (el acto de administrar, organizar o gestionar recursos)

Sabemos que un sistema administrativo está integrado por personas que trabajan en la organización captando, procesando, trasmitiendo o conservando información; un conjunto de soportes donde se sustentan los datos y, una red de canales que vincula a las personas y por donde fluye la información.

Estos sistemas administrativos deberían tener los siguientes atributos: ejecución momentánea, economía en los insumos, seguridad y producción de información para todos los niveles para que puedan actuar frente al curso de los hechos.

3.3. Funciones de la administración educativa

"Con la administración educativa eficiente, mejoran los procesos administrativos y gerenciales, eleva su calidad de gestión y satisface las necesidades y expectativas de los usuarios. Hoy en día, la administración educativa maneja planes, programas, proyectos, presupuestos, modelos, mapas, sistemas, estrategias, personal, docentes, alumnos, infraestructura, materiales, equipo, comunicaciones y otros, con lo cual se trata de asegurar el logro de los objetivos y lo que es la maximización de los resultados en las instituciones escolares" (Malpica, Carlos N.)

Todos los precedentes aspectos representan tareas en su principio, que seguidamente se convierten en actividades, las cuales forman parte de alguna de las funciones o momentos de la Administración educativa; por lo tanto, se dice que la Administración educativa es un proceso (Ver figura 3.3), el cual es conformado por los momentos o funciones siguientes:

a) Planificación: Prever situaciones y acontecimientos
b) Organización: Creas el cuerpo social escolar
c) Dirección: Hacer funcionar la institución y lograr los objetivos concretos. Es el ejecutivo
d) Coordinación: Sincronizar esfuerzos y actividades.
e) Ejecución: Practicar lo planificado.
f) Control: Eficientar el orden, disciplina y coordinación.

Figura 3.3 Las funciones de la administración en las organizaciones educativas

3.4 Organización

Inicialmente, se revisa la concepción de la organización en sentido amplio y luego la concepción de la organización educativa. En este sentido, se destaca que la organización nació de la necesidad humana de cooperar. Los hombres se han visto obligados a cooperar para obtener sus fines personales, por razón de sus limitaciones físicas, biológicas, sicológicas y sociales. En la mayor parte de los casos, esta cooperación puede ser más productiva o menos costosa si se dispone de una estructura de organización

Realizando un análisis del término organización; hay quienes dicen que la palabra organización tiene tres acepciones: una que es la etimológica que procede del griego *organón* que puede traducirse como "herramienta o instrumento; otra que se refiere a la organización como una entidad o grupo social; y otra más que se refiere a la organización como la segunda etapa del proceso administrativo

Desde siempre el ser humano ha estado consiente de que la obtención de eficiencia solo es posible a través del ordenamiento y coordinación racional de todos los recursos. Una vez establecidos los objetivos (lo que se quiere hacer) a través de la planeación, será necesario determinar qué medidas utilizar para lograrlos (como hacerlo).

3.4.1 Conceptos

A continuación se señalan algunas definiciones y las características de la organización bajo la visión de múltiples autores a lo largo del tiempo, que permitirá evidenciar la evolución de la concepción de la organización con una visión instrumentalista, mecanicista, empresarial-administrativa y cómo fue su evolución al introducir el recurso humano como pilar en la concepción de la organización.

Cuadro N° 3.1: Definiciones de la organización a través del tiempo

Autor, Año	Definición
Max Weber; 1922	"Un grupo corporativo entendido este como una relación social que, o bien está cerrada hacia afuera, o bien limitada mediante reglas y disposiciones de admisión de personas ajenas. Este objetivo se logra gracias a que tales reglas y ordenes se llevan a la práctica a través de la actuación de un individuo especifico (jefe, director) y de un grupo administrativo"
Argyris; 1957	Principios de una organización formal; especialización de tareas, la cadena de mando, la unidad de dirección, la racionalidad.
Bernard; 1959	Un sistema de actividades o fuerzas de dos o más personas conscientemente coordinadas.
Brench; 1959	La estructura de las responsabilidades asignadas a los dirigentes y a los cuadros intermedios y del sistema de relaciones formales que surgen como consecuencia de estas responsabilidades
Argyris; 1960	"Las organizaciones son grandes estrategias individuales creadas para conseguir objetivos que requieren el esfuerzo de muchos"
Urwich; 1961	"Determinación de las actividades necesarias para un determinado fin"
Etzioni; 1964	"Una unidad social que ha sido creada con la intención de alcanzar metas específicas; cooperativas, empresas, hospitales, iglesias, prisiones, escuelas…"
Scout; 1964	Como un colectivo sistemático creado para alcanzar metas relativamente específicas sobre una base continua. Las características de las organizaciones para este autor rebasan sus objetivos concretos. Estas características son: la existencia de unos límites que se construyen en la organización respecto a su entorno exterior, una autoridad jerárquica, un sistema de comunicación y un sistema de retribuciones
Mayntz; 1972	Formaciones sociales, con diferenciación interna de las funciones dirigidas hacia una finalidad específica y poseen una configuración racional con el objetivo de alcanzar dichas metas especificas
Porter, Lawler y Hackman; 1975	Un sistema energético de consumo –resultado, en el que el energético proveniente del resultado, reactiva el sistema. Las organizaciones sociales son sistemas abiertos que interactúan con su ambiente.-
Emmer; 1976	"Redes de relaciones entre las personas actuando entre sí, unas veces de acuerdo con los propósitos de la organización; otras de forma paralela, no siguiendo los propósitos oficiales; y, a veces, en forma no prevista por nadie"
Katz y Kahn; 1977	"Es el establecimiento de relaciones efectivas de comportamiento entre personas, de manera que puedan trabajar juntas con eficacia y puedan obtener una satisfacción

	personal al hacer tareas seleccionadas bajo condiciones ambientales dadas para el propósito de alcanzar una meta u objetivo"
Hicks; 1977	"Un proceso estructurado en el cual interactúan personas para alcanzar objetivos"
Terry; 1980	"Es el establecimiento de relaciones efectivas de comportamiento entre personas, de manera que puedan trabajar juntas con eficacia y puedan obtener una satisfacción personal al hacer tareas seleccionadas bajo condiciones ambientales dadas para el propósito de alcanzar una meta u objetivo"
Hall; 1983	Es un conjunto colectivo con límites relativamente fijo e identificables, con una ordenación normativa, con un sistema de autoridad jerárquico, con un sistema de comunicación y con un sistema de miembros coordinados; este conjunto colectivo esta formado por una base relativamente continua dentro de un entorno que lo rodea y se dedica a acciones y actividades que normalmente tienden a una meta final u objetivo, o una serie de metas finales u objetivos.
Zerilli; 1985	"...combinación de los medios humanos y materiales disponibles en función de la consecución de un fin, según un esquema preciso de dependencias e interrelaciones entre los distintos elementos que la constituyen.
Rodríguez Fernández; 1998	Las organizaciones actuales serían: a) un sistema social y técnico artificial en permanente proceso de cambio, b) Un ecosistema que desarrolla su actividad en continua interacción con el entorno, c) Una fuente de satisfacción e insatisfacción para los miembros que la constituyen y finalmente, d) La imagen más vigorosa y con mayor presencia de nuestra sociedad.
Gairin; 1999	"...hablar de organización supone considerar totalidades integradas por encima de totalidades aditivas; esto es, considerar realidades donde los elementos no son intercambiables entre si, sino que mantienen una dependencia recíproca y adquieren sentido en función de un todo. Pero además, por su efecto autoevaluativo, aunque los procesos de organización vienen inducidos desde afuera,..., pueden tener desarrollo propio a partir de procesos de autorregulación interna."

Fuente: Gairin (1999), Robbins (2004), Rodríguez (1998), Zerilli (1985). Adaptado por los autores de este trabajo.

Las concepciones que se visualizan a través de las diferentes décadas muestran como en las definiciones predomina la organización vista en términos de procedimientos formales, grupo corporativo, colectivo sistemático, redes de relaciones, sistema energético, procesos estructurados, unidad social que traducen agrupaciones sociales constituidas por seres humanos en los cuales se ejecutan normas, con criterio jerárquico en busca de lograr objetivos y fines propuestos.

Las definiciones anteriores (ver cuadro N° 3.1), acusan el momento histórico-cultural en el que se formularon, así como el desarrollo que en esos momentos tenía la organización y coinciden estos autores en que toda organización está constituida por relaciones entre los individuos que la forman con interacciones de carácter previsto con anterioridad y asociación entre sí, de cara a conseguir las previsiones establecidas (objetivos) sujetas a la estructura y al poder, todo ello planteado con criterios de racionalidad, es decir, lejos de toda arbitrariedad. Cuando de definiciones se trata, autores como Zerilli (1985), Rodríguez Fernández (1998) y Gairin (1999) convergen que toda organización justifica su origen y fin último en lo social, asimismo acorde a la tarea social asumida, política, cultural, económica, educativa se definirá su misión y visión en la sociedad.

Algunos otros estudiosos de la administración, mencionan lo siguiente de la organización:

"La estructura de las relaciones que deben de existir entre las funciones, niveles y actividades de los elementos materiales y humanos de un organismo social, con el fin de lograr su máxima eficiencia dentro de los planes y objetivos señalados". (Agustín Reyes Ponce).

Según Koontz: "La **organización** es la parte de la **administración** que comprende el establecimiento de una estructura intencional de roles para las personas de una **empresa**. Es intencional en el sentido de asegurar que se han asignado todas las tareas necesarias para lograr los objetivos y se espera que se asignen a las personas que mejor puedan realizarlas."

Issac Guzmán V: "La coordinación de las actividades de todos los individuos que integran una empresa con el propósito de obtener el máximo de aprovechamiento posible de elementos materiales, técnicos y humanos, en la realización de los fines que la propia empresa persigue".

Koontz & O´Donnell: "Agrupar las actividades necesarias para alcanzar ciertos objetivos, asignar a cada grupo un administrador con autoridad necesaria para supervisarlo y coordinar tanto en sentido horizontal como vertical toda la estructura de la empresa

Hay quienes se atreven a decir que la Organización es un conjunto de cargos cuyas reglas y **normas** de **comportamiento**, deben sujetarse a todos sus miembros y así, valerse el medio que permite a una empresa alcanzar determinados objetivos.

Cuando la Organización se ocupa de la tarea educativa según Soto (2001) y Filho (1965) la define, como: "La observación, caracterización, clasificación y relación de los hechos de la estructuración de los servicios regulares de enseñanza, así como los modos de organizarlos y dirigirlos articuladamente".

Y en el Diccionario Santillana de las C.C. E.E. (1983) citado por Correa, (2000):"Noción técnica y administrativa que trata de reagrupar y articular los diversos elementos que concurren en el funcionamiento interno de un Sistema Escolar (construcciones, programas escolares, personal docente, material didáctico, exámenes, investigación pedagógica, entre otras.)".

En este orden de ideas, Soto (2001) la organización educativa comprende un aspecto político y un aspecto pedagógico propiamente dicho. Dentro del aspecto político se incluyen la legislación escolar y administración escolar. Con respecto al aspecto pedagógico, se refiere a las cuestiones y elementos de interés puramente técnico-docente, ciclos escolares, instituciones escolares, a los contenidos formativos, materiales de enseñanza, horarios, entre otras.

Si bien, lo expuesto anteriormente ubica la concepción de la organización educativa, esta tiene como principal objetivo la institución educativa la cual constituye una organización humana, integrada por individuos que asumen diferentes papeles: Estudiantes, docentes, directivos, empleados, cuyo propósito básico es el garantizar la transmisión, adquisición y producción del saber. Al respecto, señala Álvarez (1992) citado por Castro (2007), que el comportamiento de un grupo educativo se debe tanto a factores internos como externos al grupo. Los factores externos se refieren a las condiciones físicas y a las situaciones en las cuales se desarrolla la actuación del involucrado. Los factores internos se refieren a los elementos humanos que participan e integran la institución educativa, es decir, los estudiantes, docentes, empleados y directivos.

La organización consiste en el diseño y determinación de las estructuras, procesos, funciones y responsabilidades; el establecimiento de métodos y aplicación de técnicas tendientes a la simplificación del trabajo, que permitan una óptima coordinación de los recursos y de las actividades dentro de una empresa o institución.

3.5 Estructura

La organización es abordada desde dos ópticas: como orgánica y como la acción de organizar (función organización).

La orgánica se conceptualiza como una estructura constituida por roles y organigramas, donde existe una coordinación especifica e independencia de las personas que la integran, y desde la perspectiva de la función esta puede ser definida como la acción o acto de preparar las mejores y más pertinentes condiciones, o como la generación del apropiado clima laboral, con el objetivo de cumplir las metas propuestas y de mejorar cualitativamente la producción educativa.

Sabemos que el propósito de la organización es simplificar el trabajo, coordinar y optimizar funciones y recursos. (Ver figura 3.4).

Figura 3.4 Proceso de organización con sus elementos

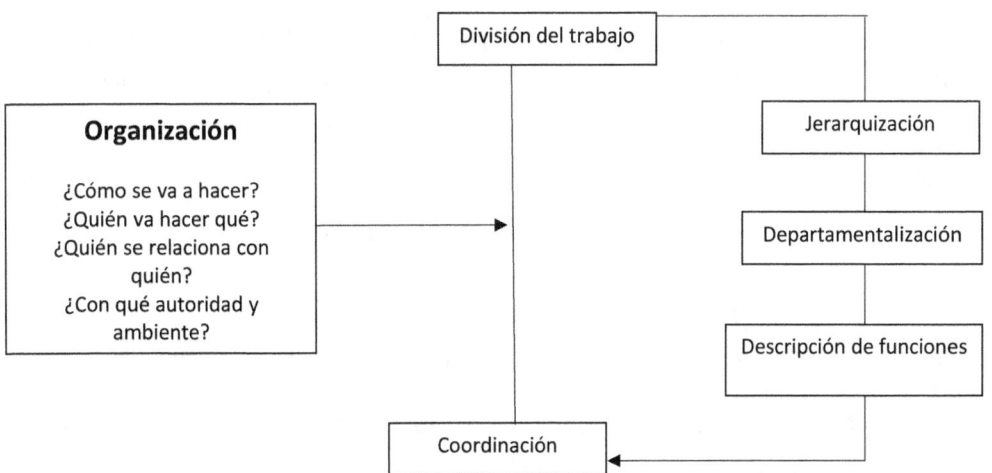

3.5.1 Coordinación y división del trabajo

COORDINACIÓN: Es la sincronización de los recursos y de los esfuerzos de un grupo social con el fin de lograr la oportunidad, unidad, armonía y rapidez, en el desarrollo y la consecución de los objetivos. La coordinación nace de la necesidad de sincronizar y armonizar los esfuerzos para realizar eficientemente la tarea; su función básica es lograr la combinación y la unidad de esfuerzos, bien integrados y balanceados en el grupo social.

DIVISIÓN DEL TRABAJO: Consiste en la clasificación y la delimitación de las actividades, con el fin de realizar una función con la mayor precisión, eficiencia y el mínimo del esfuerzo, dando lugar a la especialización y perfeccionamiento en el trabajo.

Para dividir el trabajo es necesario aplicar una secuencia que comprende la departamentalización y la descripción de funciones

3.5.2 Jerarquización

Es la disposición de funciones de una organización por orden de rango, grado o importancia, agrupados de acuerdo al grado de autoridad y responsabilidad que posean, independientemente de la función que realicen. La jerarquización implica la definición de la estructura de la empresa por medio del establecimiento de centros de autoridad que se relacionan entre sí con precisión.

Cuando se jerarquiza es indispensable considerar las siguientes reglas:

1) Los niveles jerárquicos establecidos dentro de cualquier grupo social deben ser los mínimos e indispensables
2) Se debe definir claramente el tipo de autoridad de cada nivel (Lineal, funcional o staff).

A continuación mencionaremos algunos ejemplos:

a) Niveles Jerárquicos de una escuela:

b) Niveles jerárquicos de un equipo de Futbol:

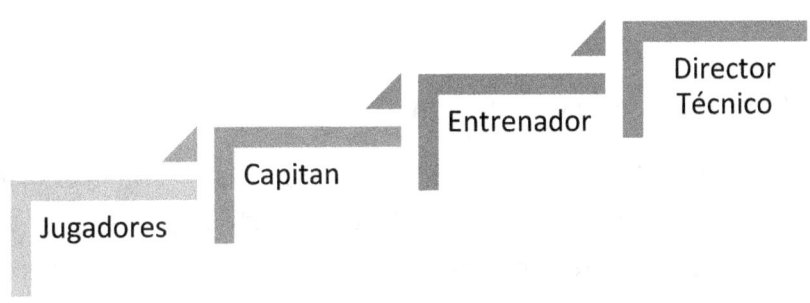

3.5.3 Departamentalización

Esta se logra con una división orgánica que permite a la empresa desempeñar con eficiencia sus diversas actividades.

Con el nombre de departamentalización se le conoce a la división y el agrupamiento de las funciones y actividades en unidades específicas con base en su similitud. Al departamentalizar, es conveniente observar la siguiente secuencia:

1° Listar todas las funciones de la empresa

2° Agrupar aquellas que sean similares

3° Clasificarlas de acuerdo con su importancia, es decir establecer un orden jerárquico

4° Asignar actividades a cada una de las áreas agrupadas o departamentos

5° Especificar las relaciones de autoridad, responsabilidad, y obligación entre las funciones, áreas y los puestos o actividades

6° Establecer líneas de comunicación e interacción entre áreas y departamentos

7° El tamaño, la existencia y el tipo de organización de un departamento deberán relacionarse con el tamaño y las necesidades específicas de la empresa y las funciones involucradas o a desempeñar.

3.5.4 Descripción de funciones

Después de haber establecido los niveles jerárquicos y departamentos de la empresa, es necesario definir con toda claridad las labores y actividades que habrán de desarrollarse en cada una de las unidades de trabajo, puestos de los distintos departamentos. Esta es la última etapa de la división del trabajo y consiste en la especificación detallada de las actividades necesarias para llevar a cabo, de la mejor manera, un trabajo. La descripción de funciones se realiza primordialmente, a través de las técnicas de análisis de puestos y de la carta de distribución del trabajo o cuadro de distribución de actividades.

En la delimitación de las funciones existentes hoy dentro de los modernos complejos sistemas educativos, concretamente entre las distintas funciones de los distintos elementos profesionales que intervienen en el sistema, son los profesores, administradores y especialistas.

Parece una petición de principio afirmar que la función esencial del profesor es enseñar; sin embargo, un examen de las administraciones educativas de diversos países indica que en ellos, el profesor no sólo enseña, sino que también administra.

Entonces nos preguntamos ¿Cuál es la función del administrador de la educación?; su papel viene determinado, por las necesidades actuales de la organización del sistema. La empresa educativa, como cualquier otra gran organización, necesita de personas que sepan dirigir todo el complejo proceso que supone una organización moderna. En este sentido la pregunta obligatoria sería: ¿a qué obedece el hecho de que algunas organizaciones sean efectivas, al mismo tiempo que otras fracasan irremediablemente? ¿Qué explicación existe para el hecho comprobado de que algunas organizaciones alcanzan sus objetivos correspondientes y otras no? La respuesta se basa en la existencia, o en la ausencia, de una adecuada gerencia. Dicho en otros términos, las organizaciones dependen, en último extremo, de personas que saben desempeñar la función directiva o gerencial

Dentro de toda organización, existen diversos elementos de dirección, los cuales se organizan en niveles de jerarquía, estas tienen la responsabilidad de poseer la capacidad de mando, aceptación de responsabilidad y la aceptación de ser juzgados sobre los resultados previamente establecidos.

Las jerarquías son las que van a determinar el poder de actuación de cada dependencia de la estructura orgánica, lo que comprende atribuciones del área, iniciativas, toma de decisiones, responsabilidades del puesto y autoridad.

Rodríguez Valencia: "La dirección es una de las herramientas más efectiva de la ejecución, ya que pone en acción la voluntad de realizar algo". Se dice que una dirección adecuada es la que ayuda a solucionar tareas y proporciona respaldo para el impacto de las dificultades que se generan en las actividades administrativas.

Para poder comprender la dirección, es importante entender dos conceptos que la conforman; los cuales son: la autoridad y la responsabilidad.

Es importante que la autoridad lleve consigo la correspondiente responsabilidad; no podemos exigir responsabilidad a quien no tenga suficiente autoridad para lograr la tarea o actividad que se le exige. La autoridad lleva intrínsecamente el poder y la subordinación. El poder debe de ir de la mano de la responsabilidad y la subordinación, aceptación de negociar la responsabilidad.

Una de las funciones de la dirección es la de facilitar y dar sentido o una línea de acción a las tareas que administran la organización. Observa la función de la efectividad y eficiencia de las tareas y encamina a estas a cubrir las necesidades de las mismas. En pocas palabras tiene la finalidad de generar un bien o un servicio.

Las principales funciones de la dirección son las de:

> Planeación
> Organización
> Dirección
> Control
> Personal
> Comunicación
> Innovación
> Coordinación

Existen tres fases básicas que posee la Dirección:

1. **Mando de autoridad**.- Este viene siendo la fuerza que impulsa y mantiene en movimiento a los órganos de una empresa. En pocas palabras, es la fuente de las directrices e instituciones que van de lo general a lo particular, de lo permanente a lo transitorio, etcétera. En si es la que Delega autoridad y responsabilidad, y se encarga de verificar que los subordinados no abusen de esta.

    a) La autoridad que se posee puede ser de dos tipos: La primera que es la Jurídica, esta se impone por obligación y es la que responde ante la Ley, y que puede ser formal de manera lineal y funcional, así como operativa dentro de una organización. El segundo tipo es la moral, esta es la que se impone por el convencimiento y puede ser técnica o personal.

b) El mando determina las acciones que se deben de llevar a cabo y su función es directiva, esta establece el cómo debe de hacerse y su tarea viene siendo de tipo administrativa; por último, se encarga de vigilar que lo que debe hacerse se haga y su función es la de supervisar, o de tipo ejecutiva.

2. **Comunicación**.- Es el efectuar un cambio, modificar la actuación o el rumbo para el bien de la organización, estable canales de comunicación por los cuales se controlen los resultados. Es el que se comunica con cada área o departamento y verifica su funcionamiento

3. **Supervisión**.- Esta se encarga de verificar que las funciones se realicen de acuerdo con lo planeado y ordenado. Su función inmediata es el control, pero su real función está en la supervisión simultánea a la ejecución y el control es posterior a esta. Por lo tanto, no hay que esperar hasta el resultado para poder modificar ejecuciones poco productivas cuando se pueden corregir desde que son detectadas. Se pueden dar dos tipos de supervisión:

a) **Estrecha**: Es donde el supervisor está revisando constantemente la ejecución de alguna actividad, esto ocasiona que el rango de movilidad del personal sea muy limitado, esto puede generar un malestar en la libertad de acción de las personas.

b) **Moderada**: En este tipo de supervisión, el personal tiene un rango de movilidad más amplio, aprovecha las iniciativas y co-responsabilidad del personal (Rodríguez Valencia)

En cualquier tipo de organización es importante el que la dirección propicie una política participativa y de estilo democrático, cuando la organización centraliza todo, ella misma se ve limitada, motivo por el cual no se podrán cumplir los objetivos en tiempo y forma; por eso es importante el que se debe de aprender a delegar, a llevar una red de conexiones de manera horizontal y vertical en donde cada miembro tenga corresponsabilidad de sus acciones, ejecuciones y finalidades.

Dentro de una empresa la Dirección tiene una función específica, al igual que las demás áreas que conforman la entidad y esto conlleva a que se tiene que dar la comunicación y toma de decisiones en la organización.

3.6 Toma de decisiones

Continuamente, las personas deben elegir entre varias opciones aquella que consideran más conveniente. Es decir, han de tomar gran cantidad de decisiones en su vida cotidiana, en mayor o menor grado importantes, a la vez que fáciles o difíciles de adoptar en función de las consecuencias o resultados derivados de cada una de ellas.

En todos los aspectos de la vida nos tenemos que enfrentar a diario a numerosas decisiones y a grandes o pequeños problemas que tenemos que solucionar.

Gran parte del trabajo de quien asume un puesto de responsabilidad consiste en resolver problemas y en tomar decisiones, dos de las áreas más difíciles del trabajo profesional. Muchas veces las soluciones se buscan por reacción y no como prevención a los problemas. Los directivos siempre encuentran escaso el tiempo para resolver problemas y la tendencia es buscar fórmulas salvadoras que hayan funcionado en el pasado; ¿pero es ésta la mejor alternativa? No siempre.

La toma de decisiones es un proceso a través del cual se realiza una elección entre diferentes opciones o formas de resolver o enfrentar una determinada situación que se puede presentar, bien sea a nivel personal, laboral u organizacional. Y consiste fundamentalmente en seleccionar una opción, que se considera la más adecuada, entre una serie de opciones disponibles, con el fin de resolver un determinado problema que se tiene en la actualidad, o para enfrentar un potencial problema que se puede presentar en un determinado momento. En el caso de las organizaciones, la toma de decisiones es una función imprescindible para su normal funcionamiento, y en ese sentido la administración debe hacer uso de la racionalidad para tomar decisiones acertadas y elegir el mejor camino a seguir según las diferentes alternativas para enfrentar una determinada situación y mantener la operatividad y la eficiencia de la organización, aun en situaciones de incertidumbre. Y en el caso particular de una institución educativa, la toma de decisiones es de mucha importancia para desarrollar las funciones administrativas de planificación, de organización, y de control de las diferentes actividades que se llevan a cabo en una institución educativa para el normal desarrollo de los procesos académicos y administrativos de la institución.

3.6.1 Definiciones de toma de decisiones

Freemont E. Kast: la toma de decisiones es fundamental para el organismo la conducta de la organización. La toma de decisión suministra los medios para el control y permite la coherencia en los sistemas. (KAST, 1979).

Moody, es una acción que debe tomarse cuando ya no hay más tiempo para recoger información.

Leon Blan Buris define que una decisión es una elección que se hace entre varias alterativas.

Le Moigne define el termino decidir cómo identificar y resolver los problemas que se le presenta a toda organización. Por tanto, el desencadenante del proceso de toma de decisiones es la existencia de un problema, pero ¿cuándo existe un problema? Existirá un problema cuando hay diferencia entre la situación real y la situación deseada. La solución del problema puede consistir en modificar una u otra situación, por ello se puede definir como el proceso consciente de reducir la diferencia entre ambas situaciones

Greenwood afirma que la toma de decisiones para la administración equivale esencialmente a la resolución de problemas empresariales. Los diagnósticos de problemas, las búsquedas y las evaluaciones de alternativas y la elección final de una decisión, constituyen las etapas básicas en el proceso de toma de decisiones y resolución de problemas

Es muy importante tener en cuenta el trabajo en equipo para la toma de decisiones, ya que se tiene el concepto y la visión de varias personas para llegar a la más óptima; aunque para conformar estos equipos se deben tener en cuenta las capacidades, el compromiso y la responsabilidad de cada uno de los integrantes, para así lograr ser un verdadero equipo de trabajo.

3.6.2 El proceso de toma de decisiones

Identificación del problema: tenemos que reconocer cuando estamos ante un problema para buscar alternativas al mismo. En este primer escalón tenemos que preguntarnos, ¿qué hay que decidir? Análisis del problema: en este paso habremos de determinar las causas del problema y sus consecuencias y recoger la máxima información posible sobre el mismo. En esta ocasión la cuestión a resolver es, ¿Cuáles son las opciones posibles? Evaluación o estudio de opciones o alternativas: aquí nos tenemos que centrar en identificar las posibles soluciones al problema o tema, así como sus posibles consecuencias. Nos debemos preguntar, ¿cuáles son las ventajas e inconvenientes de cada alternativa? Selección de la mejor opción: una vez analizadas todas las opciones o alternativas posibles, debemos escoger la que nos parece más conveniente y adecuada. Observamos como aquí está implicada en sí misma una decisión, en esta ocasión nos preguntamos ¿cuál es la mejor opción? Poner en práctica las medidas tomadas: una vez tomada la decisión debemos llevarla a la práctica y observar su evolución. Aquí reflexionamos sobre ¿es correcta la decisión? Finalmente evaluamos el resultado: en esta última fase tenemos que considerar si el problema se ha resuelto conforme a lo previsto, analizando los resultados para modificar o replantear el proceso en los aspectos necesarios para conseguir el objetivo pretendido. En esta fase nos preguntamos, ¿la decisión tomada produce los resultados deseados?

Ahora bien: ¿qué se entiende por decidir? Schackle define la decisión como un corte entre el pasado y el futuro. Otros autores definen la decisión como la elección entre varias alternativas posibles, teniendo en cuenta la limitación de recursos y con el ánimo de conseguir algún resultado deseado.

Como tomar una decisión supone escoger la mejor alternativa de entre las posibles, se necesita información sobre cada una de estas alternativas y sus consecuencias respecto a nuestro objetivo. La importancia de la información en la toma de decisiones queda patente en la definición de decisión propuesta por Forrester, entendiendo por esta "el proceso de transformación de la información en acción".

La información es la materia prima, el input de la decisión, y una vez tratada adecuadamente dentro del proceso de la toma de decisión se obtiene como output la acción a ejecutar. La realización de la acción elegida genera nueva información que se integrará a la información existente para servir de base a una nueva decisión origen de una nueva acción y así sucesivamente. Todo ello debido a una de las características de los sistemas cibernéticos que es la retroalimentación o Feed-back.

Cuando nosotros tenemos una información tenemos la decisión de que hacemos con ella, la guardo, ignoro o investigo, tenemos que tomar una decisión, con esto tendremos que ejecutar una acción y lograr un objetivo; esto lo mencionamos como elementos del Feedback (Ver figura 3.5 y 3.6).

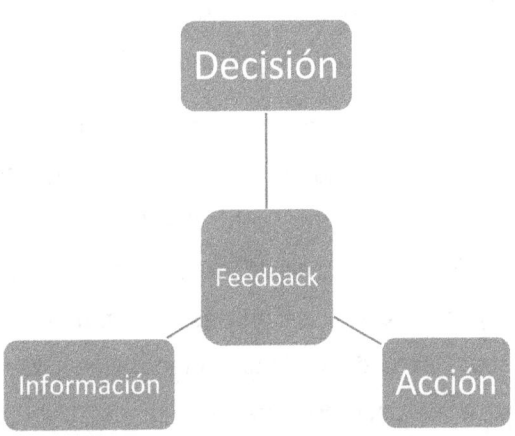

Figura 3.5 Elementos del Feedback

3.6 El Feedback en un sistema de gestión de aprendizaje

En todos los niveles y áreas de las organizaciones los individuos toman **decisiones,** es decir, eligen entre dos o más alternativas.

Aunque la toma de decisiones se considera habitualmente una "elección entre alternativas", la idea es demasiado simplista ¿Por qué? Porque la toma de decisiones es un proceso completo, no solo el acto de escoger entre opciones. Incluso en algo tan sencillo como decidir dónde comer, uno hace más que escoger entre hamburguesas o pizza. Cierto que uno no pasa mucho tiempo tomando una decisión sobre la comida, pero de cualquier manera se pasa por el proceso al elegir. ¿En qué consiste el proceso de tomar decisiones? (Figura 3.7)

Figura 3.7 El proceso de Tomar Decisiones

3.6.3 Las etapas del proceso de toma de decisiones

Por lo general hemos definido la toma de decisiones como la "selección entre alternativas. Esta manera de considerar la toma de decisiones es bastante simplista, porque la toma de decisiones es un proceso en lugar de un simple acto de escoger entre diferentes alternativas. La figura 3.8 nos muestra el proceso de toma de decisiones como una serie de ocho pasos que comienza con la identificación del problema, los pasos para seleccionar una alternativa que pueda resolver el problema, y concluyen con la evaluación de la eficacia de la decisión. Este proceso se puede aplicar tanto a sus decisiones personales como a una acción de una empresa, a su vez también se puede aplicar tanto a decisiones individuales como grupales. Vamos a estudiar con mayor profundidad las diversas etapas a seguir para un mayor conocimiento del proceso:

La figura 3.8 Etapas de los procesos de la toma de decisiones

Etapas de la toma de decisiones

Este proceso se puede aplicar tanto a sus decisiones personales como a una acción de una empresa, a su vez también se puede aplicar tanto a decisiones individuales como grupales.

Etapa 1.- La identificación de un problema: el primer paso del proceso de toma de decisiones es haber detectado que hay una diferencia entre el estado actual de la situación y el estado deseado. Esta discrepancia o problema ejerce una presión sobre el administrador que le obliga a actuar, ya sea por políticas de la organización, fechas límite, crisis financieros, futuras evaluaciones del desempeño, entre otros ejemplos. Para que una situación se pueda considerar un problema, el administrador debe disponer de la autoridad, el dinero, la información y cuantos recursos sean necesarios para actuar. Si no es así, nos encontramos delante de unas expectativas que no son realistas.

Etapa 2. La identificación de los criterios para la toma de decisiones. Una vez que se conoce la existencia del problema, se deben identificar los criterios de decisión que serán relevantes para la resolución del problema. Cada persona responsable de tomar decisiones en la empresa suele tener un abanico de criterios que lo guían en su decisión. Este paso nos indica que son tan importantes los criterios que se identifican como los que no; ya que un criterio que no se identifica se considerará irrelevante por el tomador de decisiones.

Etapa 3. La asignación de ponderaciones a los criterios. Los criterios seleccionados en la fase anterior no tiene todos la misma importancia, por tanto, es necesario ponderar las variables que se incluyen en las lista en el paso anterior, a fin de darles la prioridad correcta en la decisión. Este paso lo puede llevar a cabo dándole el mayor valor al criterio preferente y luego comparar los demás para valorarlos en relación al preferente.

Etapa 4. El desarrollo de alternativas. Este paso consiste en ser capaz de obtener todas las alternativas factibles que podrían resolver el problema con éxito.

Etapa 5. Análisis de las alternativas. El responsable de la toma de decisiones en la empresa debe estudiar minuciosamente las alternativas que se han propuesto. Las fortalezas y las debilidades de cada una deberían ponerse de manifiesto de forma clara una vez comparadas con los criterios seleccionados y ordenados en la segunda y la tercera etapa. Aunque es cierto que algunas evaluaciones pueden acercarse a la objetividad, hay que tener claro que la mayoría de ellas son subjetivas a causa de su carácter de juicio de valor. (En el punto 3.8 hablaremos del FODA)

Etapa 6. Selección de una alternativa. Una vez establecidas y presentadas todas las alternativas, y una vez evaluadas por el responsable de la toma de decisiones según los criterios establecidos y jerarquizados, es el momento de elegir una sola alternativa: la mejor de las presentadas según el procedimiento establecido. Consiste en seleccionar la mejor alternativa de todas las valoradas.

Etapa 7. La implantación de la alternativa. Mientras que el proceso de selección queda completado con el paso anterior, sin embargo, la decisión puede fallar si no se lleva a cabo correctamente. Este paso intenta que la decisión se lleve a cabo, e incluye dar a conocer la decisión a las personas afectadas y lograr que se comprometan con la misma. Si las personas que tienen que ejecutar una decisión participan en el proceso, es más fácil que apoyen con entusiasmo la misma. Estas decisiones se llevan a cabo por medio de una planificación, organización y dirección efectivas.

Etapa 8. La evaluación de la efectividad de la decisión. Por último, hay que evaluar el resultado conseguido a raíz de la decisión tomada y la solución adoptada y comprobar si se ha corregido el problema. Si éste todavía persiste, tendrá que estudiarse cuál de las fases anteriores resultó errónea y afrontar una nueva decisión respecto a la decisión inicial: desestimarla por completo o retomarla de forma distinta desde alguno de los pasos anteriores e inclusive al primer paso.

Para tomar según qué tipo de decisiones se pueden utilizar modelos para simplificar una realidad demasiado compleja. El objetivo es destacar los aspectos de la realidad más relevantes para el análisis y, gracias, al modelo, lograr una mejor comprensión y descripción de esa realidad que representa. Los modelos se pueden clasificar en:

- **Objetivos y subjetivos**: cuando los sucesos no pueden expresarse objetivamente y no existen modelos formales para su estudio, éstos deben ser informales y basarse en la subjetividad y la intuición.

- **Analíticos y de simulación**: los analíticos sirven para obtener soluciones y deben ser resueltos, y los de simulación son representaciones simplificadas de la realidad para estudiar en ellas los efectos de las distintas alternativas.

- **Estáticos y dinámicos**: los estáticos no utilizan la variable tiempo, mientras que en los dinámicos es un parámetro fundamental.

- **Deterministas y probabilísticos**: en los deterministas se conocen con certeza todos los datos. Si no, se trata de un modelo probabilístico, aleatorio o estocástico.

3.7 Tipos de decisiones

Todas las decisiones no son iguales, ni producen las mismas consecuencias, ni tampoco su adopción es de idéntica relevancia, por ello existen distintos tipos de decisiones, para su clasificación destacaremos las más representativas. (Claver, 2000).

1. Tipología por niveles

Está conectada con el concepto de estructura organizativa y la idea de jerarquía que se deriva de la misma, las decisiones se clasifican en función de la posición jerárquica o nivel administrativo ocupado por el decisor. Desde este planteamiento distinguiremos.

a. **Decisiones estratégicas** (o de planificación), son decisiones adoptadas por decisores situados en el ápice de la pirámide jerárquica o altos directivos. Estas se refieren a las relaciones entre la organización o empresa y su entorno. Son decisiones de una gran transcendencia puesto que definen los fines y objetivos generales que afectan a la totalidad de la organización; son decisiones singulares a largo plazo y no repetitivas, por lo que la información es escasa y sus efectos son difícilmente reversibles; los errores pueden comprometer el desarrollo de la empresa y en determinados casos su supervivencia, por lo que requieren un alto grado de reflexión y juicio.

b. **Decisiones tácticas o de pilotaje**; son decisiones tomadas por directivos intermedios. Estas decisiones pueden ser repetitivas y el grado de repetición es suficiente para confiar en precedentes, los errores no implican sanciones muy fuertes a no ser que se vayan acumulando.

c. **Decisiones operativas**, adoptadas por ejecutivos que se sitúan en el nivel más inferior. Son las relacionadas con las actividades corrientes de la empresa. El grado de repetividad es elevado: se traducen a menudo en rutinas y procedimientos automáticos, por lo que la información es disponible. Los errores se pueden corregir rápidamente ya que el plazo al que afecta es a corto y las sanciones son mínimas.

2. Tipología por métodos

Esta clasificación se debe a Simón (1977) quien realiza una clasificación basándose en la similitud de los métodos empleados para la toma de decisiones, independientemente de los niveles de decisión. Así distingue una serie continua de decisiones en cuyos extremos están las decisiones programadas y no programadas.

- Se entiende por decisiones programadas aquellas que son repetitivas y rutinarias, cuando se ha definido un procedimiento o se ha establecido un criterio (o regla de decisión) que facilita hacerles frente, permitiendo el no ser tratadas de nuevo cada vez que se debe tomar una decisión. En este tipo de decisiones no es el mayor o menor dificultad en decidir sino que se encuentra en la repetitividad y la posibilidad de predecir y analizar sus elementos componentes por muy complejos que resulten estos.

- Las decisiones no programadas son aquellas que resultan nuevas para la empresa, no estructuradas e importantes en sí mismas. No existe ningún método establecido para manejar el problema porque este no haya surgido antes o porque su naturaleza o estructura son complejas, o porque es tan importante que merece un tratamiento hecho a la medida. También se utiliza para problemas que puedan ocurrir periódicamente pero quizá requiera de enfoques modificados debido a cambios en las condiciones internas o externas. Koontz y Weihrich, ponen de manifiesto la relación entre el nivel administrativo donde se toman las decisiones, la clase de problema al que se enfrentan y el tipo de decisión que es necesario adoptar para hacerle frente, Los directivos de alto nivel se enfrentan a decisiones no programadas, puesto que son problemas sin estructurar y a medida que se desciende en la jerarquía organizacional, mas estructurados o comprensibles resultan los problemas y por tanto, más programadas resultaran las decisiones. (Koontz)

Podemos concluir diciendo que el proceso de la toma de decisiones es sin duda una de las mayores responsabilidades, sin embargo las decisiones marcan el éxito o fracaso de cualquier organización, son como el motor de las negocios.

En el momento de tomar una decisión es importante que se pueda estudiar el problema o situación y considerarlo profundamente para elegir el mejor camino a seguir según las diferentes alternativas y operaciones. También es de vital importancia para la administración ya que contribuye a mantener la armonía y coherencia del grupo, y por ende su eficiencia.

También el tomar una decisión consta de la resiliencia porque nunca nos debemos de dar por vencidos ante los obstáculos que se nos pongan enfrente.

Después de tomar una decisión ya no hay marcha atrás y tendrás que afrontar las consecuencias por eso tomate un tiempo para analizar lo que vas hacer.

3.8 Análisis DAFO, FODA o SWOT

3.8.1. Los orígenes del modelo de análisis DOFA

El origen del análisis DOFA, fue provisto por Albert S. Humphrey, uno de los padres fundadores del mismo.

El análisis FODA surgió de la investigación conducida por el Standford Research Institute entre 1960 y 1970. Sus orígenes nacen de la necesidad de descubrir por qué falla la planificación corporativa

Todo comenzó como una tendencia, la planificación corporativa, que aparentemente apareció por primera vez en DuPont, en 1949. Para 1960, todas las empresas del Fortune 500 tenían un "gerente de planificación corporativa" (o cargo equivalente); asociaciones de "planificadores corporativos a largo plazo" comenzaron a surgir por todo Estados Unidos y Gran Bretaña

A pesar de los planificadores a largo plazo, el único eslabón faltante era cómo lograr que el equipo gerencial aprobara y se comprometiera con una serie de programas de acción.

Para crear este eslabón, comenzando en 1960, Robert F. Stewart de SRI en Menlo Park, California, liderizó un equipo de investigadores para tratar de descubrir que estaba mal en la planificación corporativa, y luego conseguir alguna solución, o crear un sistema que permitiera a los equipos gerenciales aprobar y comprometerse en el trabajo de desarrollo, algo que hoy en día denominamos "manejo de cambio".

El nombre FODA le viene a este práctico y útil mecanismo de análisis de las iniciales de los cuatro conceptos que intervienen en su aplicación es decir:

- ➢ F de Fortaleza
- ➢ O de oportunidades
- ➢ D de debilidades
- ➢ A de Amenazas (o Problemas).

Estos conceptos constituyen la traducción de cuatro palabras en inglés con cuyas iniciales se forma la siguiente SWOT (Strenghts, Weaknesses, Opportunities, Threats). De ahí que el análisis FODA se conozca también como "Análisis SWOT"

Una de las aplicaciones del análisis FODA es la de determinar los factores que pueden favorecer (Fortalezas y Oportunidades) y obstaculizar (Debilidades y Amenazas) el logro de los objetivos establecidos con anterioridad para la empresa.

COMPONENTES DE UN ANÁLISIS FODA

	Positivos	Negativos
Internos	Fortalezas	Debilidades
Externos	Oportunidades	Amenazas

3.8.2. Análisis FODA

Una de las herramientas más utilizadas en planificación estratégica es la matriz DOFA (Debilidades, oportunidades, fortalezas, amenazas) (Weihrich, 1982) la cual presenta las oportunidades y amenazas del entorno y las fortalezas y debilidades de la empresa: corporación o unidad de negocios.

La matriz DOFA se puede emplear para establecer una tipología de estrategias, son:

- Las oportunidades que se aprovechen con las fortalezas originan estrategias ofensivas.
- Las que se deben enfrentar teniendo debilidades generan estrategias ofensivas.
- Las que se deben enfrentar teniendo debilidades generan estrategias adaptativas.
- Las amenazas que se enfrentan con fortalezas originan estrategias reactivas
- Las enfrentadas con debilidades generan estrategias defensivas.

3.8.3. Análisis SWOT

El modelo de análisis SWOT consiste en un diagrama de cuatro casillas. En cada una de ellas habrán de consignarse las fortalezas, debilidades, oportunidades y problemas que se plantean ante una situación en la relación empresa-mercado. Colocar cada uno de esos factores en su correspondiente casilla le permite al ejecutivo una visión más global y esquemática de la situación bajo análisis.

Este modelo toma su nombre de las iniciales del nombre en inglés de cuatro factores o elementos que se toman en consideración: es decir: Strenght (Fortalezas), weakness (debilidades), opportunities(oportunidades) y threat (problemas o amenazas) = SWOT. Algunos autores traducen el nombre del modelo como FODA, es decir: Fortalezas, oportunidades, debilidades y amenazas.

Al aplicar el análisis SWOT como parte del proceso de planificación de marketing, sigue el siguiente proceso:

1. Establecimiento de los objetivos corporativos
2. Elaboración de la auditoría de marketing o datos básicos
3. Análisis SWOT de las situaciones analizadas
4. Definición de las premisas relativas a la relación empresa-mercado
5. Elaboración del plan de marketing
6. Implantación y control de las acciones y programas

3.8.4. Guía análisis FODA

Fortalezas y Debilidades

1. Considere ambos aspectos en áreas como las siguientes:
   a. Análisis de recursos. Capital, activos fijos, instalaciones, equipos, obsolescencia, mantenimiento.
   b. Tecnología y conocimiento. Recursos humanos, capacitación y entrenamiento, sistemas de información , intangibles, creatividad y potencial de innovación
   c. Análisis de riesgos. Número y naturaleza de los objetivos. Flujos financieros y de caja

2. Planteé ejercicios como los siguientes:

a. Enumere de cinco a diez aspectos en los que usted cree que los servicios que ofrece su organización son de calidad superior.

b. Enumere de cinco a diez aspectos en los que usted cree que los servicios que ofrecen otras organizaciones similares a la suya son superiores

3. Al evaluar las fortalezas de una organización, conviene agruparlas para su tratamiento, por ejemplo:

a. Fortalezas comunes. Son las condiciones operativas indispensables para el funcionamiento de la organización. No son exclusivas de una empresa son comunes las fortalezas compartidas por un número importante de instituciones o empresas que operan en el mismo ramo, de manera que todas puedan responder con estrategias similares.

b. Fortalezas distintivas. Son aquellas que son exclusivas de nuestra organización o que son compartidas solo por un reducido número de instituciones. Contar con fortalezas distintivas siempre proporciona una ventaja competitiva.

Las debilidades son, principalmente, los aspectos que limitan la inserción de la organización en su contexto que le impiden crear o adaptar sus objetivos, o seleccionar e implementar estrategias.

Oportunidades y amenazas

Una oportunidad es un aspecto específico de una variable externa que, al ser analizado, indica que es aprovechable y que se cuenta con la capacidad para hacerlo; por lo tanto, constituye una ventaja.

Una amenaza es un aspecto concreto de una variable del entorno que al ser analizado, revela la falta de capacidad para enfrentarlo. Actuar en estos contextos pone la organización en una posición de desventaja. Las amenazas organizacionales aparecen recurrentemente en aquellas áreas donde la empresa encuentra dificultad para alcanzar altos estándares de desempeño

Al valorar las oportunidades y las amenazas se recomienda tomar en cuenta lo siguiente:

- Análisis del entorno (contexto de tarea). Organizaciones limítrofes. Por ejemplo, para una empresa, sus proveedores; para un ministerio, la contraloría general de la república.
- Grupos de interés. Prensa, sindicatos, gremios, usuarios, comunidad
- El contexto general. Aspectos demográficos, políticos, legales, etc...

3.8.5. La matriz FODA

Al tener ya determinadas cuales son las FODA en un primer plano, nos permite determinar los principales elementos de fortalezas, oportunidades, amenazas y debilidades, lo que implica ahora hacer un ejercicio de mayor concentración en dónde se determine, teniendo como referencias a la Misión y la Visión, cómo afecta cada uno de los elementos de FODA. Después de obtener una relación lo más exhaustiva posible, se ponderan y ordenan por importancia cada uno de los FODA a efecto de quedarnos con los que revisten mayor importancia.

	Oportunidades	Amenazas
Fortalezas	Zona en la que la empresa debe explotar al máximo sus recursos y lograr los máximos beneficios.	Zona en la que la empresa debe tratar de neutralizar los efectos externos y transferir fortalezas a las áreas de Oportunidades.
Debilidades	Zona en la que la empresa debe invertir recursos, capacitación, tecnología para superar sus debilidades y aprovechar las oportunidades que se ofrecen.	Zona en la que la empresa ve amenazada su existencia y de la que debe salir rápidamente con acciones de mejora o cambio para reconvertirse.

LA MATRIZ FODA

FACTORES INTERNOS / FACTORES EXTERNOS	Lista de Fortalezas F1. F2. ... Fn.	Lista de Debilidades D1. D2. ... Dr.

Lista de Oportunidades
O1.
O2.
...
Op.
	FO (Maxi-Maxi)
	Estrategia para maximizar tanto las F como las O.
	
	1. Xxxxxxxxxxxxxxxx
	   (O1, O2, F1, F3 ...)
		DO (Mini-Maxi)
		Estrategia para minimizar las D y maximizar las O.
		
		1. Xxxxxxxxxxxxxxxxxxx
		   (O1, O2, D1, D3, ...)

Lista de Amenazas
A1.
A2.
...
Aq.
	FA (Maxi-Mini)
	Estrategia para maximizar las fortalezas y minimizar las amenazas.
	
	1. Xxxxxxxxxxxxxxxx
	   (F1, F3, A2, A3, ...)
		DA (Mini-Mini)
		Estrategia para minimizar tanto las A como las D.
		
		1. Xxxxxxxxxxxxxxxx
		   (D1, D3, A1, A2, A3, ...)

La estrategia DA (mini-mini)

- En general, el objetivo de la estrategia **DA**

- (Debilidades –vs- Amenazas), es el de minimizar tanto las *debilidades* como las amenazas. Una institución que estuviera enfrentada sólo con amenazas externas y con debilidades internas, pudiera encontrarse en una situación totalmente precaria. De hecho, tal institución tendría que luchar por su supervivencia o llegar hasta su liquidación. Pero existen otras alternativas.

- Por ejemplo, esa institución podría reducir sus operaciones buscando ya sea sobreponerse a sus debilidades o para esperar tiempos mejores, cuando desaparezcan esas amenazas (a menudo esas son falsas esperanzas). Sin embargo, cualquiera que sea la estrategia seleccionada, la posición DA se deberá siempre tratar de evitar.

La estrategia DO (mini-maxi)

- La segunda estrategia, **DO** (Debilidades –vs- Oportunidades), intenta minimizar las *debilidades* y maximizar las *oportunidades.* Una institución podría identificar oportunidades en el medio ambiente externo pero tener debilidades organizacionales que le eviten

- aprovechar las ventajas del mercado. Por ejemplo, la UNFV se le podría presentar la oportunidad de una gran demanda por sus egresados, pero su capacidad instalada podría ser insuficiente. Una estrategia posible sería adquirir esa capacidad con instalaciones gubernamentales. Una táctica alternativa podría ser obtener mayor presupuesto para construir las instalaciones necesarias. Es claro que otra estrategia sería el no hacer absolutamente nada y dejar pasar la oportunidad y que la aproveche la competencia.

La estrategia FA (maxi-mini)

Esta estrategia **FA** (Fortalezas –vs- Amenazas), se basa en las *fortalezas* de la empresa u organización que pueden copar con las *amenazas* del medio ambiente externo. Su objetivo es maximizar las primeras mientras se minimizan las segundas. Esto, sin embargo, no significa necesariamente que una empresa fuerte tenga que dedicarse a buscar amenazas en el medio ambiente externo para enfrentarlas. Por lo contrario, las fortalezas de una empresa deben ser usadas con mucho cuidado y discreción.

La estrategia FO (maxi-maxi)

- A cualquier empresa le agradaría estar siempre en la situación donde pudiera maximizar tanto sus *fortalezas* como sus *oportunidades*, es decir aplicar siempre la estrategia **FO** (Fortalezas –vs-

- Oportunidades) Tales empresas podrían echar mano de sus fortalezas, utilizando recursos para aprovechar la oportunidad del mercado para sus productos y servicios. Por ejemplo, la UNFV con su prestigio ampliamente reconocido como una de sus grandes fortalezas, podría aprovechar la oportunidad de la gran demanda externa por profesionales altamente capacitados.

PLANTILLA DE ANALISIS FODA

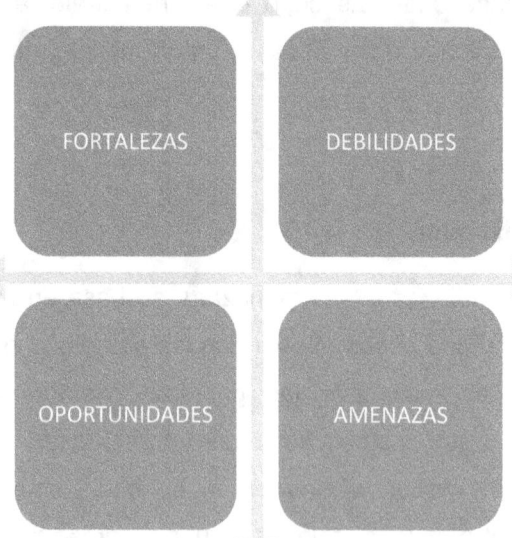

3.8.6. Plantilla de análisis FODA

Fortalezas

- ¿Ventajas de la propuesta?

- ¿Capacidades?

- ¿Ventajas competitivas?

- ¿PUV's (propuesta única de ventas)?

- ¿Recursos, activos, gente?

- ¿Experiencia, conocimiento, datos?

- ¿Reservas financieras, retorno probable?

- ¿Marketing – alcance, distribución, awareness?

- ¿Aspectos innovadores?

- ¿Ubicación geográfica?

- ¿Precio, valor, calidad?

- ¿Acreditaciones, calificaciones, certificaciones?

- ¿Procesos, sistemas, TI, comunicaciones?

- ¿Cultural, actitudinal, de comportamiento?

- ¿Cobertura gerencial, sucesión?

Debilidades

- ¿Desventajas de la propuesta?

- ¿Brechas en la capacidad?

- ¿Falta de fuerza competitiva?

- ¿Reputación, presencia y alcance?

- ¿Aspectos Financieros?

- ¿Vulnerabilidades propias conocidas?

- ¿Escala de tiempo, fechas tope y presiones?

- ¿Flujo de caja, drenaje de efectivo?

- ¿Continuidad, robustez de la cadena de suministros?

- ¿Efectos sobre las actividades principales, distracción?

- ¿Confiabilidad de los datos, predictibilidad del plan?

- ¿Motivación, compromiso, liderazgo?

- ¿Acreditación, etc.?

- ¿Procesos y sistemas, etc.?

- ¿Cobertura gerencial, sucesión?

Oportunidades

- ¿Desarrollos del mercado?

- ¿Vulnerabilidades de los competidores?

- ¿Tendencias de la industria o de estilo de vida?

- ¿Desarrollos tecnológicos e innovaciones?

- ¿Influencias globales?

- ¿Nuevos mercados, verticales, horizontales?

- ¿Mercados objetivo nicho?

- ¿Geografía, exportación, importación?

- ¿Nuevas propuestas únicas de venta?

- ¿Tácticas - sorpresa, grandes contratos, etc?

- ¿Desarrollo de negocios o de productos?

- ¿Información e investigación?

- ¿Sociedades, agencias, distribución?

- ¿Volúmenes, producción, economías?

- ¿Influencias estacionales, del clima, o de la moda?

Amenazas

- ¿Efectos políticos?

- ¿Efectos legislativos?

- ¿Efectos ambientales?

- ¿Desarrollos de TI?

- ¿Intenciones de los competidores?

- ¿Demanda del mercado?

- ¿Nuevas tecnologías, servicios, ideas?

- ¿Contratos y alianzas vitales?

- ¿Mantener las capacidades internas?

- ¿Obstáculos enfrentados?

- ¿Debilidades no superables?

- ¿Pérdida de personal clave?

- ¿Respaldo financiero sostenible?

- ¿Economía – local o extranjera?

- ¿Influencias estacionales, del clima, o de la moda

El realizar un análisis DAFO, FODA o SWOT es importante cuando queremos ver cómo estamos como organización, inclusive una institución educativa lo tiene que realizar para con esto hacer la comparación con otras instituciones del mismo nivel educativo, que podrían ser privadas o públicas o dos del mismo tipo, en parte esto le ha servido a las instituciones de nivel superior para determinar el ranking (mencionado en el punto 2.4 importancia de los rankings de la IES) en el que se encuentran posicionados, a la vez cuales son los puntos que se pueden mejorar, ver sus debilidades o amenazas.

Bibliografía de Referencia

- BATEMAN Thomas y Snell Scott.- Administración una ventaja competitiva.- 4° edición.- Editorial Mc Graw Hill.- México
- Bueno Campos Eduardo, Organización de empresas: estructura, procesos y modelos, Madrid Pirámide, 2007
- Castro, B, (2007). La organización Educativa: Una Aproximación Desde La Complejidad. Universidad Austral de Chile, Facultad de Filosofía y Humanidades.
- Claver, E. L. (2000). Manual de administración de empresas (4a. ed.). Madrid.
- Colín Méndez Verónica, Estructura administrativa: como crearla y como auditarla, México, Colegio de estudios de posgrado de la ciudad de México, 2008
- Daft Richard L., Introducción a la Administración, 6° edición, México, Cengage, 2010
- Fayol Henry, Principios generales de Administración, México, Trillas, 2009
- Fernández Arena, José Antonio. Introducción a la administración. Cap. 2. México, UNAM. 1973.
- Filho,L. (1965). Organización y administración escolar. Buenos Aires: Kapelusz.
- Franklin Fincowsky Enrique Benjamín y Gómez Ceja Guillermo, Organización y métodos, un Enfoque competitivo, México, Mc Graw Hill, 2002
- FRANKLIN Fincowsky, Enrique Benjamín Y Gómez Ceja Guillermo. Organización y métodos, un enfoque competitivo, Mc Graw Hill, México, 2002.
- FRANKLIN Fincowsky, Enrique Benjamín. Organización de empresas, México, Mc Graw Hill 2° Edición, 2004, 362 pp.
- Gairin, J, (1999). La organización escolar: Contexto y texto de actuación. Madrid: La Murall, S.A.

- Gibson James L., Las organizaciones, comportamiento, estructura, procesos, México, Mc Geaw Hill, 2003
- Gómez Ceja Guillermo, Sistemas administrativos, análisis y diseño, México, Mc Graw Hill 2000
- GOMEZ Ceja Guillermo. Sistemas administrativos, análisis y diseño. Mc Graw Hill, México, 2000.
- Guillermo Gómez Ceja.- Sistemas administrativos; análisis y diseño.- Mc Graw Hill
- HAROLD Koontzny Heinz Heilhrich. Administración, una perspectiva global, Mc Graw Hill, México, 2004,12° Edición, 794pp.
- HILL Charles W.L Y Jones Gareth R, Administración estratégica, México,2005, Mc Graw Hill.
- KAST, F. E. (1979). Administración de las Organizaciones. Editorial Mc GranW-Hill.
- KOONT'Z Harold, Welhrich Heinz.- Administración una perspectiva global.- 12° edición.- Editorial Mc Graw Hill
- Koontz Harold y Heihrich Heinz, Administración una perspectiva global, México, Mc Graw Hill, 2008
- Koontz, H. y. Administración. Una perspectiva Global. México: Mc. Graw Hill.
- LERMA Kirchner Alejandro.- Planes estratégicos de dirección.- Editorial Gasca Sicco. México
- LUSSIER, Robert N., Achua Christopher F. - Liderazgo teoría aplicación desarrollo de habilidades. - Editorial Thomson, México
- Martínez Martínez Miguel Ángel, Elementos de organización de empresas, España, 2007
- Martínez, V. Pérez, O, (2003) Cultura escolar y mejora de la educación. Abril (2003) www.lasalle.edu.mx/diplo_inst_las/docs_diplo/2domodulo/cultura_escolar_mejora.pdf
- Massie, Joseh L. Bases esenciales de la administración. 3ª. Edición. Cap. 1. México. Editorial Diana. 1973

- Meschel Richard F., Management by System, McGraw-Hill, p. 10. 2 Place, Irene, Business Report Administrative Analysis, Michigan, p. 28. 'Hall, Artur D., Ingeniería de sistemas, Limusa, p. 94. Pan Myess G., Leonard, Idea for Management N. Y
- REES W. David; Porter Christine.- Habilidades de Dirección. 4° edición.- Editorial Thomson. España
- Reyes Ponce, Agustín. Administración de empresas, 1ª parte. Caps. 1 y 2. México. Editorial Limusa. 1973
- Robbins Stephen & Coulter Mary (2005) Administración. México. Editorial Pearson Educación
- ROBBINS Stephen P.- Comportamiento organizacional: Conceptos, controversias y aplicaciones.-10° edición.- Editorial Prentice Hall. México
- ROBBINS Stephen P., Coulter Mary.- Administración 8° edición.- Editorial Prentice Hall.- México
- Robbins, P, (2004). Comportamiento organizacional. Prentice-Hall, México.
- Robbins, S.P. (1994; pág 157)
- Rodríguez Fernandez, A, (1998). Introducción a la psicología del trabajo y de las organizaciones. Piramide, Madrid.
- Rodríguez Valencia, J. Administración de Pequeñas y medianas empresas
- Terry, George R. Principios de administración. 5ª edición. Cap. 1. Buenos Aires. CECSA. 1968
- Zerilli, A. (1985): Fundamentos de organización y dirección general. Deusto. Bilbao.

4

La acción directiva en las instituciones educativas

4. La acción directiva en las instituciones educativas.

Sabemos que los educadores y directivos escolares tienen un cometido difícil. A menudo deben tomar o impulsar decisiones que afectan directamente la vida de los demás, sobre todo la de nuestros estudiantes y la de quienes trabajan con las instituciones educativas. Cuando alguien en el terreno personal, desea actuar a partir de impulsos o de improvisaciones constantes, nada tenemos que objetar, pues él será el beneficiario directo o el perjudicado por las consecuencias de sus prácticas. Ahora bien, cuando una persona, por el papel que desempeña en una organización, tiene la posibilidad de proponer y promover actos que afectan a los demás, en lo personal o profesional, o a la conservación y uso de los recursos materiales o financieros (que muchas veces no son suyos), entonces hay que ser especialmente escrupulosos y cautelosos. Si aquellas prácticas no fueron exitosas, si originaron malestar o tensión o si la gestión de los recursos fracasó, todos tendrán alguna responsabilidad en ello, pero en especial la persona que las propuso y promovió. Cualquier decisión o práctica profesional —también de los docentes y directivos escolares— debería estar precedida por un diagnóstico adecuado. Precisamente por eso decimos que es una actuación profesional, pues quien la desarrolla es capaz de justificarla, de explicar los motivos y de argumentarla con conocimiento de causa, al que llegó mediante procesos de reflexión y análisis sistemáticos y fundamentados.

En ese sentido, el trabajo de los profesionales de la educación escolar debería parecerse mucho al de un mecánico que arregla automóviles, al de la doctora que atiende a sus pacientes o al del albañil que construye un edificio: el diagnóstico debe preceder a la acción si se quiere que ésta sea pertinente, eficaz y satisfactoria.

Los hechos, datos y circunstancias que concurren en aquella acción profesional deben ser considerados a la luz de un conocimiento y análisis bien fundamentados y ese análisis diagnóstico será más eficaz si se realiza mediante procedimientos y pautas sistemáticas. Así lo propone Schmelkes (1992, 40): En un movimiento hacia la calidad, no se puede trabajar a partir de intuiciones. Si bien estas intuiciones —de que algo está mal, de que hay un problema— pueden representar un punto de partida legítimos es necesario contar con la solidez de la información si realmente queremos resolver los problemas a fondo.

4.1. La dirección de la cultura escolar

El término cultura asociado a la escuela se viene usando desde hace mucho tiempo en la bibliografía educativa para tratar de capturar aquellos rasgos que permitan comprender el funcionamiento escolar. Ya en 1932, el sociólogo de la educación norteamericano Waller (citado por Deal y Paterson, 2009), en su libro The sociology of teaching, sostenía que las escuelas tienen una cultura propia. Planteaba que en las escuelas hay complejos rituales de relaciones personales, tradiciones, costumbres, normas, que conforman un código moral. Con el tiempo, en esta misma línea, otras investigaciones señalaron que en las escuelas hay juegos que son guerras sublimadas, equipos, y un conjunto elaborado de ceremonias (Deal y Peterson, 2009; Maslowski, 2001). El análisis etnográfico de las escuelas como pequeñas sociedades realizado por Waller (citado por Deal y Paterson, 2009) resultó pionero, pero tuvo una influencia limitada en los años subsiguientes en los que comenzaron a ganar espacio los estudios de tipo cuantitativo

El interés por la cultura escolar quedó, así, relegado y recién resurgió en los años setenta, cuando empezó a pensarse que los aspectos culturales de la escuela podían constituirse en un obstáculo para el cambio escolar (Goodlad, 1975). En las décadas de los ochenta y noventa los estudios se ampliaron y se constituyó en un tema importante en el campo de la administración y gestión de la educación (Deal y Peterson, 1990), el cambio educativo (Fullan, 2002) y la historia de la educación (Julia, 2001; Viñao, 2002).

Una revisión de estudios especializados sobre el tema indica que no hay una única forma de definir la cultura escolar. Por el contrario, existen múltiples definiciones; dentro de las más conocidas se encuentran las siguientes:

➢ Cultura es el código informal que establece "como hacemos las cosas aquí" (Bower, 1966).

➢ Cultura escolar incluye sistemas de creencias, valores, estructuras cognitivas generales y significados dentro del sistema social caracterizado por un patrón de relaciones de personas y grupos dentro de ese sistema (Tagiuri y Litwin, 1968).

➢ Un conjunto de interpretaciones o "teorías en uso" compartidas por los miembros de una organización que determina la manera en la cual un individuo responde a situaciones habituales y da cuenta de los patrones de comportamiento dentro de una organización (Argyris y Schön, 1976).

➢ La cultura consiste en las creencias y valores compartidos que mantienen una comunidad unida (Deal y Kennedy, 1982).

➢ La cultura organizacional consiste en la manifestación de un patrón de supuestos básicos, inventados, descubiertos o desarrollados por un grupo en tanto aprende a enfrentar problemas y que ha funcionado lo suficientemente bien como para que se lo considere válido y se lo trasmita a los nuevos miembros como la forma correcta de percibir, pensar y sentir (Schein, 1985).

➢ La cultura escolar es el cristal a través del cual los participantes se ven a sí mismos y el mundo (Hargreaves, 1996).

➢ La cultura escolar está compuesta de reglas y tradiciones no escritas, normas y expectativas que permean todo: la manera en que gente actúa, cómo se visten, de qué hablan, si buscan o no ayuda en sus colegas y cómo se sienten los docentes acerca de su trabajo y de sus estudiantes (Deal y Peterson, 2009).

➢ La cultura de una organización puede ser pensada como un conjunto de directivas no escritas que informan a los miembros acerca de cómo actuar en ciertas situaciones (Schein, 1985).

La cultura escolar se podría definir como los patrones de significado transmitidos históricamente y que incluyen las normas, los valores, las creencias, las ceremonias, los rituales, las tradiciones, y los mitos comprendidos, quizás en distinto grado, por las personas miembros de la comunidad escolar (Stolp, 1994). Este sistema de significados generalmente forma lo que la gente piensa y la forma en que actúa. Algunos autores tienen una visión más bien holística (Hargreaves, 1995) mientras otros enfatizan el hecho que toda cultura escolar incluye diversas subculturas en su interior (Firestone y Louis, 1999). Asimismo hay acuerdo en que la cultura escolar, como la cultura en general, tiene a la vez características estáticas y dinámicas. El carácter estático se pone de manifiesto porque por un lado la cultura crea un carácter único en el sistema social al promover un sentido de pertenencia y compromiso, y participa activamente en la socialización de nuevos miembros introduciéndolos en una particular perspectiva de la realidad. Por otro, está sujeta a cambios en tanto los miembros de la organización interactúan con nuevas ideas y enfoques, de ahí su carácter dinámico. Es decir, que cualquier consideración sobre la cultura escolar debe tomar en cuenta la historia en términos de estabilidad a través del tiempo (Deal y Peterson, 2009; Julia, 2001) así como su naturaleza dinámica y cambiante (Fullan, 2002).

Las definiciones de cultura escolar refieren claramente a una variedad de elementos culturales. Todas incluyen referencias a cuestiones tales como presupuestos básicos, creencias, tradiciones, normas, valores, artefactos culturales. A los efectos de describir y organizar estos elementos para su estudio se han creado diferentes clasificaciones que, si bien solo representan modos ideales y son siempre incompletos, constituyen instrumentos útiles para analizar la vida escolar (Stoll y Fink, 1996).

Hay quienes identifican una serie de rasgos que caracterizan la cultura de las escuelas que promueven aprendizajes de calidad. Algunos de los más importantes son los siguientes:

> ➤ Una perspectiva clara, precisa, pero ambiciosa que oriente el trabajo.

- Un currículo, formas de enseñanza, evaluaciones y oportunidades de aprendizaje que estén claramente vinculadas a la perspectiva adoptada y a las necesidades e intereses de estudiantiles.
- Suficiente tiempo para que estudiantes y docentes trabajen.
- Un foco persistente en el aprendizaje de estudiantes y docentes, conjuntamente con una continua discusión entre los miembros de la institución sobre la calidad del trabajo de cada uno.
- Relaciones próximas de apoyo mutuo entre docentes y estudiantes, y docentes y estudiantes entre sí.
- Muchas oportunidades para crear cultura, discutir cuestiones fundamentales, asumir responsabilidades, celebrar los logros individuales y grupales.
- Personal directivos que promueve confianza, formación permanente, flexibilidad, asumir riesgos, innovación y adaptación al cambio.
- Toma de decisiones basada en información precisa y actualizada, tanto cualitativa como cuantitativa acerca de los avances logrados.
- Apoyo sostenido de los padres y madres.
- Flexibilidad por parte de las autoridades educativas y apoyo para propuestas escolares alternativas.

Existen estudiosos de la educación que, sostienen que las direcciones de las escuelas influyen en la cultura de la escuela de muchas maneras promoviendo culturas positivas o "tóxicas". Una persona directiva capaz, a través del tiempo, puede transformar una cultura tóxica en una positiva, si lleva adelante sus actividades cotidianas de forma juiciosa, apasionada y artística. Para estos estudiosos de la educación, una cultura escolar positiva implica las siguientes características:

- Una misión centrada en el aprendizaje de estudiante y docente
- Un rico sentido de la historia y los propósitos.
- Valores fundamentales de colegialidad, desempeño y mejora que produce

aprendizajes y otros resultados de calidad para todos los sujetos.

- Creencias y presupuestos positivos acerca del potencial de sus estudiantes y docentes para aprender y crecer.
- Una comunidad fuerte que usa conocimiento, experiencia, e investigación para mejorar la práctica.
- Una red informal que promueve un positivo flujo de la información. - Conducción compartida que mantiene un equilibrio entre continuidad e innovación.
- Rituales y ceremonias que refuerzan los valores fundamentales.
- Relatos que celebran los éxitos y reconocen héroes y heroínas.
- Un entorno físico que simboliza alegría y orgullo.
- Un sentido compartido de respeto y cuidado.

Diversas investigaciones realizadas bajo enfoques distintos han demostrado que la función de los directivos en la escuela, particularmente la del director, es de suma importancia para la vida escolar.

Por ejemplo, los estudios sobre Eficacia Escolar han identificado que el liderazgo pedagógico, académico o instructivo del director es un factor importante en una escuela eficaz (Levine y Lezzote en Ruiz, 1999), porque al director le corresponde organizar el funcionamiento del centro escolar para lograr los objetivos institucionales, articular la organización, la planificación, la gestión de los recursos, el seguimiento de las actividades educativas, la evaluación de los aprendizajes y las relaciones con la comunidad educativa, entre muchos otros.

Por su parte, las investigaciones centradas en la Mejora de la Escuela evidencian que, para generar las trasformaciones que el centro escolar necesita en la búsqueda de la calidad escolar, el director juega un papel central para promover la innovación pedagógica (Hopkins y Lagerweij, en Murillo, Barrio y Pérez-Albo, 1999). Él es el responsable de comunicar las reformas; animar a los docentes a participar, considerando la cultura en la que se desenvuelve la escuela; impulsar la profesionalización de los docentes para que se apropien de los conocimientos y las herramientas que requieren; promover la colaboración en torno a los objetivos educativos; buscar los recursos para la escuela, entre otras muchas acciones para generar el cambio escolar y con ello mejorar la calidad educativa.

La literatura sobre Gestión Escolar también otorga a la función directiva un papel relevante, porque implica el tomar decisiones y articular los esfuerzos de los actores y la estructura de la escuela en torno a los aprendizajes de los alumnos. Es decir, el directivo tiene la capacidad de intervenir en todas las dimensiones de la vida institucional para darle sentido a la organización, considerando las intenciones pedagógicas de la escuela (Pozner, 1997).

Otras investigaciones relacionadas con la dirección de centros escolares han identificado que la función directiva es un elemento que permite construir la identidad de la institución para luchar por la captación de alumnos, porque el trabajo que realiza la dirección es la imagen de calidad que muestra la escuela (Román, Cámara y Rueda, 2000).

Asimismo, la figura del director es importante porque en México, por norma, es la máxima autoridad en la escuela y la responsable directo del funcionamiento de la institución según lo establecen los manuales de organización de la secundaria general (SEP, 1981) y secundaria técnica (SEP, 1982).

En síntesis, la función directiva es fundamental para la vida escolar, porque de ella depende la organización de la escuela, la planificación, el seguimiento, la evaluación, la implementación de las reformas, la gestión de recursos y un sinnúmero de actividades que permiten generar las condiciones propicias para que tenga lugar la función educadora de la escuela y los alumnos obtengan los resultados académicos esperados. Todas estas atribuciones hacen que la acción directiva sea importante y también compleja.

4.2. La dirección en relación con el profesorado

Los profesores trabajan en un sistema educativo en el que se socializan personal y profesionalmente, que ellos interpretan, pero que no definen en su origen; su independencia profesional es, en todo caso, una aspiración, una conquista a obtener, no un punto de partida. Esa realidad laboral de los profesores es inherente al papel que están llamados a cumplir en el sistema educativo. La historia de éste sirve para comprender el camino seguido en la concreción de una determinada imagen de profesionalidad que se reproduce básicamente y sirve para racionalizar las prácticas de formación del profesorado. Reproducción que actúa muchas veces implícita y otras explícitamente, cuando se plantean los programas de formación como una respuesta ajustada a las tareas que los profesores deben desempeñar, sin cuestionar la realidad socioinstitucional que define esas funciones. Después, las instituciones, la currícula, la metodología y las conceptualizaciones racionalizadoras de la existencia y funcionamiento de todo este subsistema de formación, concretan y expresan de alguna manera la realidad institucionalizada del puesto de trabajo a desempeñar, en coherencia con la función social que el propio sistema educativo cumple. (Gimeno, J. (1987)

El director como líder pedagógico es un facilitador del desarrollo profesional de los maestros (Duke, en Dorta, s/f), porque reconoce que la docencia es una profesión que requiere preparación continua en saberes tanto del conocimiento científico como de la práctica pedagógica; pero además, porque favorece y crea oportunidades para que los docentes adquieran las competencias necesarias a fin de desempeñar su función con calidad y, con ello, lograr los objetivos educativos que persigue la escuela.

Como facilitador del desarrollo profesional de los docentes, el director identifica sus necesidades, pero al mismo tiempo los apoya para que asistan a espacios de formación; favorece el intercambio de sus conocimientos y prácticas pedagógicas; sugiere actividades para aprovechar las habilidades particulares de cada profesor; selecciona a quienes pueden asumir responsabilidades de coordinación y animación; concede tiempo al profesorado para planificar y trabajar en equipo y da la oportunidad de que adapten contenidos, diseñen materiales curriculares, apliquen nuevas estrategias docentes, etcétera. También promueve que el trabajo docente sea más compartido que independiente, entre otras actividades (Duke, en Dorta s/f).

El director eficaz se distingue por recoger y analizar información diversa sobre el funcionamiento del centro escolar; por tanto, implementa procesos sistemáticos de evaluación interna que le permiten conocer el desempeño y las necesidades de los profesores, de los alumnos y de la escuela en general, para retroalimentar los procesos educativos, reconocer y recompensar el rendimiento de los estudiantes y de los maestros de manera pública, y tomar decisiones de mejora, si es el caso (Duke en Dorta s/f).

El compartir las responsabilidades con integrantes del equipo directivo en asuntos de política interna de la escuela, particularmente con el subdirector, es un rasgo de las escuelas eficaces, como lo identificó Mortimore (en Reynolds et al., 1998); pero también, con base en la Teoría del Cambio, resulta de particular importancia que se comparta la autoridad con los profesores, porque ellos intervienen en políticas para la innovación y el presupuesto, establecen prioridades e intervienen en el seguimiento de las decisiones "importantes de la escuela" (Beare et al., 1992).

Por su parte, Baz, Bardisa y García (1994) afirman que para compartir la responsabilidad se requiere de un alto nivel de comunicación formal e informal entre el personal y el director sin que éste pierda su estatus de líder, e implica también un impulso hacia la profesionalización del profesorado para que sea capaz de tomar decisiones pertinentes.

Asimismo, hay que considerar que una participación eficaz y satisfactoria es posible cuando existe corresponsabilidad, cooperación, coordinación, autoridad y democracia al interior de la escuela (Antúnez y Gairín, 1999).

El liderazgo compartido se fundamenta con aportaciones de la mejora y la gestión escolar, aunque también es una característica de los directores eficaces

4.3 La dirección en relación a las familias y la comunidad

4.3.1 Familia, escuela y comunidad

Definición de Familia:

La familia, según la Declaración Universal de los <u>Derechos Humanos</u>, es el elemento natural y fundamental de la sociedad y tiene derecho a la protección de la sociedad y del Estado. Los lazos principales que definen una familia son de dos tipos:

1) Vínculos de afinidad: derivados del establecimiento de un vínculo conocido como el matrimonio, aunque en muchas sociedades se permite la unión entre dos personas sin necesidad de casarse.

2) Vínculos de consanguinidad: como la filiación entre padres e hijos o los lazos que se establecen entre los hermanos que descienden de un mismo padre. También puede diferenciarse la familia según el grado de parentesco entre sus miembros.

Según la <u>Sociología</u> la familia es un conjunto de personas que se encuentran unidos por lazos parentales. Estos lazos pueden ser de dos tipos: vínculos por afinidad, el matrimonio y de consanguinidad, como la filiación entre padres e hijos.

En tanto la familia puede diferenciarse según el grado de parentesco que presenten sus miembros.

Muchos autores, parecen estar de acuerdo en señalar que la familia es para el indivíduo un sistema de participación, donde están expuestos a una serie de exigencias, un contexto donde se generan, expresan y se identifican las emociones, un entorno donde se promueven las primeras relaciones sociales, en el que se adquieren los valores que sustentan las acciones de las personas, un ambiente en el que se despliegan las funciones relacionadas con la educación y el cuidado de los hijos/as. (Musgrove, 1975; Fromm, Horkheimer y Parsons, 1978; Vilchez, 1985; Musitu Ochoca, 1988)

Según Angarita, M. (2007). **Globalización y educación**; La familia es "la célula fundamental de la sociedad". Hoy día, las relaciones familiares han traspasado los límites de lo que un marco legal determinaba como "familia", la base legal daba la pauta de la organización social y familiar al determinar qué familia era toda unión consanguínea liderada por la figura de padre y madre. No obstante, los cambios que trajeron consigo la globalización y transnacionalización no tan sólo del mercado, sino de las culturas, formas de vida y de organizaciones sociales, convierten a la familia consanguínea tan sólo como un tipo de familia, puesto que la familia puede considerarse como el grupo unido por intereses, afinidad o convivencia. El marco jurídico incluso ha tratado de ajustarse a las nuevas formas de entender la familia. Al respecto, Fumero (2009) señala que "es muy probable que siempre aparezcan nuevas formas de familia y que la misma, siempre esté buscando diversas tipologías conforme evolucione la sociedad, la cultura, los modelos matrimoniales y otros factores que influyen en sus modos concretos."

Tipos de familias:

Las familias pueden ser clasificadas de diversas maneras.

- Familia nuclear, formada por la madre, el padre y su descendencia.

- Familia extensa, formada por parientes cuyas relaciones no son únicamente entre padres e hijos. Una familia extensa puede incluir abuelos, tíos, primos y otros parientes consanguíneos o afines.

- Familia monoparental, en la que el hijo o hijos vive(n) sólo con uno de los padres.

- Familia compuesta, la cual está formada por la poligamia o matrimonio múltiple

- Familia homoparental, en la que el hijo o hijos vive(n) con una pareja homosexual.

- otros tipos de familias, aquellas conformadas únicamente por hermanos, por amigos (donde el sentido de la palabra "familia" no tiene que ver con un parentesco de consanguinidad, sino sobre todo con sentimientos como la convivencia, la solidaridad y otros), quienes viven juntos en el mismo espacio por un tiempo considerable.

- En definitiva se puede definir la familia como un conjunto de personas unidas por lazos de parentesco en donde cada miembro poseen roles fijos: padre, madre, hermanos, etc. con vínculos consanguíneos o no. Los lazos de parentescos pueden ser de tres tipos: matrimonio, filiación entre padres e hijos y relaciones entre hermanos. La Familia es la base de la sociedad civil, solamente en la familia las personas pueden ser debidamente criadas, educadas y recibir la formación de su carácter que les hará buenos hombres y buenos ciudadanos. La familia es la base de la sociedad y en ella se pretende formar hombres y mujeres de bien con principios y valores.

La familia es el fundamento de toda sociedad bien construida, indispensable para el logro del bien común y además aparece como la unión más natural y necesaria a la comunidad; siendo además anterior a cualquier otra institución; es primera en el orden de la naturaleza, en relación con las demás agrupaciones en las que el hombre y La mujer se pueden encontrar.

En los tipos de familia tenemos: La familia consanguínea es aquella que se basa en la relación biológica; es la familia de parientes de sangre y es la principal base del parentesco; la familia sanguínea está formada por la madre, el padre y su descendencia se basa en la unión sanguínea que existe entre el núcleo familiar.

Definición de Escuela:

El término escuela tiene varios significados, entre ellos:

- Lugar o edificio donde se enseña y se aprende.

- Institución que tiene por objeto la educación.

- Conjunto de profesores y alumnos de una misma enseñanza

- Diversas concepciones metódicas.

- Corriente del pensamiento, del estilo o agrupamiento de los seguidores de un maestro.

- Aquello que alecciona o da experiencia

En varios países, se denomina escuela, al recinto donde conviven docentes y estudiantes, dentro del cual se produce el acto educativo a través del proceso enseñanza-aprendizaje, ordenados por una estructura rígida y formal, que viene dada por lo estipulado en el modelo educativo o Currículo Básico Nacional.

(Según la definición encontrada en wikipedia; Tomado de wap móvil: es.wikipedia.org vínculo: escuela).

Fumero (2009) señala que el hecho educativo puede ser definido en dos sentidos. En el sentido amplio, al referirse a un proceso socio cultural en el cual, el sujeto desarrolla condiciones y habilidades para desenvolverse en un entorno de convivencia. En el sentido restringido, habla de un proceso meramente pedagógico, es decir que sólo establece la relación de enseñanza – aprendizaje donde el individuo valora conductas y actitudes de acuerdo a un patrón de normas establecidas para su inserción en la sociedad. Al respecto, se puede inferir que el hecho educativo es una práctica social humana y actividad fundamental para la adquisición de conocimientos y habilidades para la experimentación de nuestra condición humana.

Según la Escuela Metodológica Nacional (2004), la acción educativa abarca todas las formas de creación e intercambio de conocimientos, desde las formas tradicionales, místicas, informales, mágicas y empíricas, hasta las formas más sistemáticas, racionalistas y formales, que han sido socialmente institucionalizadas por la escuela, la iglesia, el Estado y la sociedad.

Se puede definir la Escuela como el establecimiento donde se da cualquier género de instrucción y enseñanza, al conjunto de profesores y alumnos, al método, estilo o gusto peculiar de cada maestro para enseñar, y a la doctrina, principios y sistema de un autor. Escuela se define al conjunto de discípulos, seguidores o imitadores de una doctrina.

La escuela es un lugar de gran importancia, es el segundo hogar de los niños, aunque la misma no debe reemplazar la función de educación de los padres, es vital para que los niños desarrollen sus conocimientos y adquieran muchos más. Si se busca una definición teórica para este término se puede decir que es un lugar físico en donde se enseña y se aprende, en donde se educa a quienes asisten a ella. El estado debe garantizar la educación de su pueblo. Por eso, su función es inspeccionar y supervisar las escuelas para que funcionen de forma correcta y brinden el mejor servicio educativo a sus estudiantes.

La Escuela Como Organización:

"La Escuela representa un tipo particular de organización. Todo sistema social intenta alcanzar dos objetivos sociales principales: lograr sus metas y mantenerse en el tiempo. Se basa en las actitudes, percepciones, creencias, motivaciones y expectativas de las personas". (Colectivo de autores (1999) Psicología del niño y del adolescente, Edit. Océano, Barcelona).

La escuela como organización se caracteriza por:

- o Objetivo y misión.
- o Estructura jerárquica: sistema de roles.
- o Subsistemas.
- o Comunicación.
- o Conflictos.

- o Patrones motivacionales.

- o Cultura organizacional: valores, normas y roles.

La estructura de roles está formada por maestros, alumnos, directivos, personal administrativo y de servicio. A estos roles se les asignan tareas que se consideran contribuyen al logro de la misión de la organización escolar: educar a los alumnos y mantenerse como organización funcional.

Las normas y valores de la escuela integran los distintos roles lo que fundamenta la filosofía de la organización en relación con sus tareas.

A pesar de las características comunes a cualquier otra organización social, la Escuela posee otras que la distingue como son:

- La naturaleza compleja de los objetivos por no ser suficientemente precisos y medibles.

- La variabilidad de la motivación para aprender de los estudiantes al ingresar a la escuela.

- Relativa invisibilidad del desempeño del rol del maestro.

- La obligatoriedad de la escolarización.

La Escuela como organización laboral e institución favorece la comprensión de los fenómenos escolares, conocedores de los factores organizacionales del contexto social, del clima organizacional, de los roles y expectativas, de las características personales, de la motivación y necesidades tanto del profesorado como del alumnado que se desenvuelve en una sociedad.

Definición de Sociedad:

Se designa como sociedad todo tipo de asociación o grupo formado por seres vivientes, a los que unen ciertas semejanzas o coincidencias en su constitución o en sus actividades. Así, según la diversidad de su objeto, puede referirse a hombres, animales o plantas; por la diversidad de actividad puede ser sociedad natural, laboral o mercantil.

Características:

> "Las personas de una sociedad constituyen una unidad demográfica, es decir, pueden considerarse como una población total".

> "La sociedad existe dentro de una zona geográfica común".

> "La sociedad está constituida por grandes grupos que se diferencian entre sí por su función social".

> "La sociedad se compone de grupos de personas que tienen una cultura semejante".

> "La sociedad debe poderse reconocer como una unidad que funciona en todas partes".

> "Finalmente, la sociedad debe poderse reconocer como unidad social separada".

Tipos de sociedad:

Los tipos de sociedad se pueden clasificar de la siguiente manera:

- La sociedad dominada por la economía: es una sociedad en la que el hombre de negocios y el fabricante gozan de un alto status social; los valores comerciales y materiales ejercen gran influjo en el comportamiento de las personas.

- La sociedad dominada por la familia: es aquella en la que hay estrechos vínculos de parentesco y se tiene en gran honor a los mayores, ancianos o difuntos, y en la que el status social se mide más por el criterio de la ascendencia que por cualquier otra norma de status.

- La sociedad dominada por la religión: es aquella en la que el punto central reside en lo sobrenatural, en las relaciones entre Dios o los dioses y el hombre, en la que todos los otros grandes grupos se subordinan al religioso.

- El sistema dominado por la política: es el que se suele llamar Totalitario, en el que el poder es monofásico y el Estado interviene directamente en la reglamentación de todos los demás grupos o instituciones.

En definitiva se puede definir la sociedad como el conjunto de seres vivos que guardan relación unos con otros y viven de forma organizada, interactúan entre sí, comparten la misma cultura y fines formando una comunidad. Este grupo comparte una identidad de permanencia y lazos ideológicos, económicos y políticos. . Es un el conjunto de individuos que comparten una cultura, valores, creencias y que se relaciona interactuando entre sí, cooperativamente, para formar un grupo o una comunidad.

La familia y la comunidad tienen una gran influencia en el aprendizaje de los niños. Las familias son recursos valiosos en una reforma educativa, y los niños se benefician cuando las escuelas reconocen y estimulan el papel de los padres en la reforma. Existen investigaciones que demuestran que una red interactiva, fuerte, de padres de familia, miembros de la comunidad, compañeros y educadores, promueve el aprendizaje y el desarrollo de los niños. (Bronfenbrenner, 1989).

Los cambios en la estructura social y el aumento de las presiones económicas han reducido el tiempo y la energía que algunas familias pueden dedicar a comprometerse con la escuela: los padres separados con frecuencia tienen más de un empleo, en muchas familias donde están las parejas completas los dos trabajan fuera de casa. Es más, la configuración de muchos hogares ha ido cambiando, especialmente en los casos en que las familias extendidas se encargan de la crianza de los niños.

Las escuelas siempre han tenido dificultades para enseñar a estudiantes que no están preparados para aprender, por dificultades financieras o de otro tipo. Estos problemas se hacen cada vez más grandes a medida que el país trata de elevar sus estándares educativos.

Factores económicos y sociales:

No es de sorprender que las mayores diferencias entre los grupos de estudio urbanos, suburbanos y rurales se encontraran en la forma en que los factores sociales y económicos afectaban el compromiso de los padres de familia con la escuela. Estos factores influyen en la participación de muy diversas maneras. Las diferencias en niveles educativos, cultura, lenguaje, disponibilidad de tiempo, dinero y otros recursos, limitan la capacidad y el deseo de las familias de participar en la educación de los niños. El personal de las escuelas puede inhibir aún más el compromiso de las familias cuando, partiendo de prejuicios socioculturales, devalúa la contribución de las familias más pobres y los menos educadas, usando una jerga educativa que aumenta aún más la brecha en la comunicación o cuando ignora o desecha importantes diferencias socioculturales, económicas y de lenguaje.

Los padres pueden tener expectativas bajas en cuanto a los logros de sus hijos en el sistema educativo en general, o en matemática o ciencias, debido a lo limitado de sus propios logros en esas áreas. Muchos padres de familia atribuyen el éxito en ciencias y en particular en matemática, a habilidades innatas de los estudiantes, más que a esfuerzo y perseverancia.

En las comunidades donde los niveles educativos tienden a ser bajos, algunos miembros de la familia que quieren involucrarse en la educación de los niños, pueden carecer de la confianza o las habilidades necesarias para acercarse al personal de las escuelas o para expresar sus intereses y opiniones. Los padres de familia con baja escolaridad o con experiencias escolares negativas pueden mostrarse reluctantes a trabajar con los educadores.

Las familias de bajo nivel económico encuentran con frecuencia que el tratar de sobrevivir agota sus recursos personales. Muchos padres de familia de bajo nivel económico trabajan en dos o tres empleos para poder proveer a sus familias. Viviendas sobrepobladas, en malas condiciones, nutrición inadecuada y mínima atención de salud, pueden tener un impacto negativo no solo en la educación de los niños sino en la cantidad de tiempo y energía que los padres pueden dedicar a los esfuerzos de reforma educativa. La carencia de servicios de atención a los niños pequeños, el miedo por la seguridad personal y la falta de transporte, pueden ser también factores limitantes, que las escuelas deben considerar también en sus esfuerzos por trabajar con los padres de familia.

No obstante, los padres de familia en todos los segmentos de la sociedad están conscientes de la importancia de la educación para el futuro bienestar de sus hijos. Cuando las escuelas aprendan a comunicar su visión a los padres de familia, de forma que estos la puedan entender y a ajustarse a las realidades de la vida familiar diaria en toda clase de escenarios, podrán lograr aliados poderosos en sus comunidades.

4.4 La dirección como motor de desarrollo docente

Los escenarios donde se desarrolla la actividad docente, escuela, colegio, universidad, son entidades complejas, dinámicas y dialécticas que tienen como propósitos centrales:

a) transmitir y mantener los valores de la cultura de una sociedad a través de un currículo,
b) promover los cambios socio-culturales de su entorno y
c) contribuir con la formación personal y profesional de la población.

La educación, como saber, se ocupa de los problemas de las instituciones educativas, pero los problemas de la educación no son sólo los problemas de estas instituciones aunque estos sean los principales. Los hechos que suceden en los contextos sociales y culturales son también de interés de la educación en una doble dirección, bien por la influencia que puedan tener en ella, así como por la intervención que la educación pueda realizar en esos contextos.

El docente desde el deber ser de su actuación profesional, como mediador y formador, debe reflexionar sobre su práctica pedagógica para mejorarla y/o fortalecerla y desde esa instancia elaborar nuevos conocimientos, pues en su ejercicio profesional continuará enseñando y construyendo saberes al enfrentarse a situaciones particulares del aula, laboratorios u otros escenarios de mediación, donde convergen símbolos y significados en torno a un currículo oficial y uno oculto.

Todavía hoy la formación continua de los docentes es pensada en asociación con el cambio educativo y desde una lógica lineal. Primero se define el sentido de la transformación que se desea, y posteriormente los expertos se abocan a diseñar los cursos de perfeccionamiento necesarios para concretar la reforma (Vezub, 2005b). Lejos de los enfoques situacionales centrados en la escuela, estas perspectivas apuestan al efecto "cascada", al rol multiplicador de las innovaciones que suponen asumirán los profesores que participaron de las actividades de formación, una vez que se incorporan a sus centros escolares. La nueva práctica docente aparece como consecuencia y efecto directo del programa de formación implementado. Sabemos sin embargo que ningún programa de perfeccionamiento actúa de manera lineal y automática sobre la práctica y que ésta, es algo mucho más difícil de modificar que la instauración de un curso, taller, seminario, jornada de reflexión, o como se llame.

Los docentes no son responsables únicos de los resultados y de la calidad del sistema educativo. Tampoco pueden asumir el desafío del cambio en forma aislada e individual, pero tienen un rol protagónico en la configuración de las experiencias de aprendizaje de los alumnos. Para poder cumplir con su tarea es necesario –entre otras acciones-: implementar políticas sostenidas en el tiempo que posibiliten su desarrollo profesional y la mejora de sus condiciones laborales; revisar los sistemas formación así como las matrices fundantes del oficio a la luz de los nuevos escenarios sociales y culturales de la escolarización contemporánea.

El docente es sobre todo una persona que ejerce una profesión. Siendo así, su desarrollo profesional no puede concebirse ni es posible si no va acompañado de un desarrollo personal aceptable. Así lo expresa A. Fernández (2007):

4.5 La dirección de instituciones educativas diversas: gestión de la multiculturalidad y la diversidad

Vamos a partir con la definición Multiculturalidad, podemos dar por como buena la definición usual como el sinónimo de muchas culturas, de variedad, habría que definir primero esta variedad respecto a "qué" o a "quién", o simplemente, respecto a la cultura ¿qué cultura? Sería un craso error considerar la multiculturalidad como la unión de algunos que son "normales" (y más próximos a nosotros) y otros que por sus características físicas, psíquicas, motoras, comportamentales, raciales, religiosas, culturales... son diferentes "culturalmente". Tampoco es multiculturalidad el melting pot o sea, la cazuela en la cual se han conseguido mezclar culturas muy diferentes y que ha acabado produciendo otra nueva. El multiculturalismo es reconocer la existencia de una sociedad plural y diferenciada y la necesidad de actuar respetuosamente, pero también es la promoción de las diferentes culturas y una relación convivencial llena entre los diversos grupos culturales. No es diluir las culturas diversificadas sino respetarlas.

Es imprescindible considerar, en primer lugar, que todos somos diferentes, diversos en nuestro propio entorno, sea este cual sea. Probablemente lo que marca finalmente la idiosincrasia de la diferencia es la manera como las personas establecen relaciones con su contexto próximo, vivido de una manera global. Por tanto, asumir la multiculturalidad supone reconocer el derecho a la diferencia como un enriquecimiento educativo y social.

No se puede establecer una "norma" única educativa, y quizás, esta multiculturalidad habría que buscarla en las distintas "normas" que cada cual lleva a cabo sea cual sea su idiosincrasia. Por tanto, multiculturalidad también es sinónimo de pluralismo compartido.

Pero la "norma" escolar es evidente que no fue pensada y desarrollada para la multiculturalidad de individuos sino para la generalidad, la uniformación, para la aplicación de un modelo asimilacionista. Es por tanto necesario, al hablar de educar en la multiculturalidad, hablar de cambiar las actitudes del profesorado y la institución escuela, cambiar las relaciones que en ella se producen. En fin cambiar el proceso educativo institucionalizado. Asumir no un modelo de comprensión cultural o de competencia cultural sino un modelo de emancipación cultural y reconstrucción social, en donde la cultura de las minorías sea un valor positivo, y la educación multicultural promueva la emancipación cultural y la mejora social del alumnado, aumentando su autoconcepto y expectativas, rompiendo el círculo de pobreza y neomiseria y falta de oportunidades que, a veces, envuelve, esas minorías.

Y, aquí, la actitud (también las políticas curriculares, por supuesto) del profesorado es fundamental. Muchos profesores y profesoras, en el día a día de las aulas, se preguntan, ¿cómo introducir realmente esa multiculturalidad en el proceso enseñanza-aprendizaje?, ¿cómo insertar en los valores y actitudes del alumnado ese respeto real a todos los que conforman la humanidad?, ¿por dónde empezar? Y nos lanzamos, como siempre en la educación, a la búsqueda de soluciones que mitiguen la angustia de esa responsabilidad educativa y social que es la multiculturalidad ya que, superadora de las barreras institucionales, se ha convertido en una exigencia social.

La multiculturalidad no debe introducirse únicamente a través de la transmisión de los contenidos en las aulas como un simple refuerzo informativo, mediante técnicas docentes, sino que debemos introducirla en las estructuras de organización. La multiculturalidad en las instituciones educativas no se puede entender como una simple actuación para facilitar la inserción social o de aprendizajes de alumnos de otra procedencia cultural; no es únicamente la presentación de estrategias didácticas alternativas para estimular al alumnado desmotivado; no es únicamente dar las herramientas educativas adecuadas a cada realidad académica individual; la multiculturalidad se ha de entender como la aceptación de realidades plurales, como una ideología. Debemos cambiar, o poner en cuarentena, lo que parece inamovible, con pequeños cambios formales, desde hace más de un siglo: nos referimos por ejemplo a la organización de la institución educativa en aulas; horarios; agrupaciones de alumnos por edades; organización espacial del aula, tutorías; canales de comunicación; adecuación a la realidad laboral y familiar; mobiliario; distribución de tiempos y espacios... Es introducir una convivencia de realidades plurales que enriquezcan a la institución educativa y al aula con las diferencias, similitudes y las necesidades del alumnado.

Decíamos que no podemos educar en la multiculturalidad sin cambiar la educación. Pero el cambio educativo tiene dos retos fundamentales: hacer que en la educación institucionalizada seamos capaces de ayudar al alumnado a crecer y desarrollarse como personas, facilitándoles la adquisición de capacidades básicas tanto de tipo cognitivo como de autoconocimiento, de autonomía personal y de socialización, y facilitar que en las instituciones educativas tengan cabida y reconocimiento todas las diferentes capacidades; partir de un concepto dinámico de cultura e identidad cultural, diferentes ritmos de trabajo, expectativas, estilos cognitivos y de aprendizaje, motivaciones, etnias, valores culturales de todos los niños, niñas y adolescentes. Adaptar la enseñanza a la multiculturalidad de los sujetos que conviven en las instituciones educativas no es tarea sencilla, y el éxito en los resultados dependerá en gran medida de la capacidad de actuar autónomamente, tanto por parte del profesorado como de los alumnos y alumnas, sujetos de este proceso.

¿Pero cómo introducir ese cambio en el Sistema Educativo? ¿Qué puede hacer esa institución del Sistema Educativo llamada escuela, que continúa siendo muy similar a la de principios de siglo XX? ¿Qué se puede hacer en las instituciones educativas y en las aulas?

En primer lugar reflexionar y superar viejos discursos. La heterogeneidad, la individualización y el trabajo cooperativo y dialógico con participación de la comunidad educativa son tres ángulos del mismo triángulo. La participación de la comunidad es imprescindible para el trabajo de la multiculturalidad ya que ésta sólo es posible en un ambiente de comunicación abierto y flexible, adaptado al contexto y que permite la libre expresión del profesorado, alumnado y comunidad. Se ha de resquebrajar la antinomia profesorado-padres. La escuela se ha de abrir, no únicamente para dejar entrar lo externo sino para confundirse con la comunidad del exterior. Romper el monopolio del saber por parte del profesorado y constituir en el contexto una comunidad de aprendizaje.

Posteriormente realizar un examen individual de nuestro trabajo en el aula (lenguaje, actitudes, libros, materiales, comentarios...), también conjuntamente con los colegas (colegialidad, trabajo en grupo, actividades conjuntas, comunicación, proyectos, creación de grupos para temas de multiculturalidad...) y del contexto (participación, grupos, familias, relaciones sociales, tribus, publicidad, medios de comunicación...). Aceptar la multiculturalidad implica facilitar la flexibilidad curricular, cambiar la cultura de la institución y las estructuras educativas. Superar la cultura del individualismo, tan históricamente arraigada en las instituciones educativas, por una cultura del trabajo compartido

La multiculturalidad en las instituciones educativas es una labor de interacción colectiva y, aunque se desarrolle en cualquier lugar donde pueda participar un docente, alcanza sus verdaderas características en el trabajo en el interior de las instituciones educativas, donde se dan unas determinadas estructuras, prácticas, conceptos, intereses y valores. La labor colectiva da un sentido más duradero y real a la multiculturalidad. Ello es así porque está ligada a un proyecto propio, enraizado en el medio, en el que se ha planteado la discusión de los valores y finalidades, y se han buscado las circunstancias más favorables para desarrollar la labor profesional.

La multiculturalidad que se pretende en la enseñanza no puede definirse en términos de abstracción sino que, por el contrario, tiene que ir ligada a un análisis de la realidad social actual (sus valores predominantes, la relación indicadores de rendimiento/indicadores educativos, los rasgos más característicos, las relaciones de poder, las contradicciones...) desde la realidad macrosocial a la microsocial. Esta última es también muy importante, ya que se ha de considerar la multiculturalidad como un proyecto socioeducativo enmarcado en un determinado contexto, y algunas de las características de este proyecto tienen que ser la participación y la autonomía. La autonomía no ha de ser únicamente una reivindicación profesional sino un proceso educativo ya que sin autonomía no aparece la posibilidad de actuar y elaborar criterios propios y, por tanto, todo lo que la persona construye fuera de la autonomía puede ser destruido rápidamente.

Así pues, el análisis específico de nuestra realidad educativa y social nos ha de permitir, por parte del profesorado, compartir la experiencia humana posibilitando aprender de los demás y, por parte del alumnado, tener en cuenta sus características diferenciales y compensar aquellas diferencias que son discriminatorias, buscando diferentes estrategias didácticas que no perjudiquen la autoimagen del alumnado o impliquen algún tipo de segregación o jerarquización.

La construcción, elaboración y desarrollo de los proyectos educativos y curriculares contextualizados y al servicio de los alumnos, requiere la formación de equipos docentes cohesionados, una autonomía de las instituciones educativas tanto a nivel pedagógico como a nivel organizativo y una administración colaboradora capaz de compensar las desigualdades socioculturales, territoriales y económicas, de apoyar proyectos pedagógicos elaborados por las instituciones educativas, de ceder más poder real al profesorado y a la comunidad educativa. Es necesario, por tanto, una gran opcionalidad en el currículum, transformarlo en un currículum multicultural.

Es necesaria la consolidación de grupos de profesores trabajando en experiencias y favorecer un mejor clima laboral, ya que la multiculturalidad no será posible sin una mejora de la situación y de la incentivación laboral del profesorado. Esto implica una demanda de autonomía responsable, o sea, una auténtica gestión de recursos por parte de las instituciones educativas y una lucha contra la burocratización en que puede caer una institución, cuyos proyectos de intervención pueden ser fácilmente uniformados.

La multiculturalidad, actualmente como concepto usual en los procesos administrativos, no puede alinearse con la burocracia ni con la uniformación que tanto suele gustar a las Administraciones, sino que encuentra su verdadero camino en la diferenciación y en la adecuación al entorno, en la autonomía y la participación y la corresponsabilización de una gestión democrática con todos los miembros de la comunidad. La multiculturalidad, ahondando en los principios de colegialidad, democracia y participación, debe encontrar su importante lugar en las instituciones educativas. La participación del profesorado y la comunidad es imprescindible para desarrollar esos procesos de multiculturalidad y para ir asumiendo una no dependencia.

En definitiva, el desarrollo de la multiculturalidad no debe ser un resultado acabado, sino un proceso de construcción de conocimiento compartido entre profesorado, alumnado y comunidad para construir un proyecto educativo; debe ser una herramienta para la revisión de la teoría y para la transformación de la práctica educativa. El análisis crítico de la realidad es un primer paso para entrever las contradicciones que se hallan entre la realidad social y los valores de una educación a la medida de la persona. La multiculturalidad debe apostar por introducir el análisis y la denuncia de estas contradicciones y establecer los caminos para un trabajo transformador, para no caer en prácticas "modernizadoras" que suelen ser igualmente reproductoras. Esto implica también no reducir la multiculturalidad a la mera intervención educativa, sino salir de las paredes de las aulas e instituciones educativas para colaborar o asumir protagonismos en otras actividades sociales. Una educación en la multiculturalidad debe ser aquella en la que se produzca intercambio, ya que sólo en este intercambio se puede producir un cierto enriquecimiento, y en consonancia un crecimiento personal, el de aprender tanto como se pueda a partir de aquello que ya se sabe. Pero también se ha de entender la multiculturalidad como ese proceso nunca acabado de aprender a enseñar a aprender, y que no hay procesos ideales para siempre, y que la diversidad cultural en el proceso educativo no debe ser un elemento segregador o diferenciador, sino un elemento enriquecedor, integrador y articulador.

4.6 La formación de directivos en relación con la centralidad de la institución en los procesos de reforma e innovación de los sistemas educativos

Es importante abordar el lugar central que la institución educativa y aquellos actores encargados de su conducción han tomado en los últimos años en relación con las innovaciones y los procesos de reforma que se han llevado a cabo en distintos contextos y, particularmente, en América Latina.

Los matices que caracterizan las diferentes reformas y políticas educativas desde ellas impulsadas, conviene destacar algunos de sus principios orientadores, para entrar luego en aspectos más estrechamente vinculados con la dirección de instituciones educativas.

Las reformas tienden a ser cada vez más coincidentes en algunos puntos centrales en los que se focalizan sus programas y propuestas. Para el caso de las reformas educativas europeas que han venido teniendo lugar principalmente en las tres últimas décadas del siglo XX y con diferentes temporalidades según los países, (Pedró F. y Puig) sintetizan los tres grandes ejes característicos:

- La organización de la provisión educativa, entendiendo por ello el modo en que se configura la escuela desde una perspectiva estructural, para garantizar la mayor calidad posible, atender a la universalización de la educación básica y consolidar la comprensividad.

- La evolución de los contenidos de la formación de los alumnos y estudiantes y la reconfiguración del curriculum, como consecuencia de un proceso acelerado de producción y circulación de saberes, que generan a la institución educativa nuevas demandas relacionadas tanto con la formación de capacidades generales, polivalentes y comunes, la atención a la diversidad y a las demandas derivadas de los sectores de la economía y la producción.
- Los cambios en los modelos de gobierno y administración, al intentar modificar las formas centralizadas y uniformizadas presentes en algunos países, ya sea focalizando las responsabilidades en las comunidades regionales y locales o en las escuelas, ya sea bajo formas de regulación a través del mercado.

En nuestro contexto, aunque con matices, estos ejes son también pertinentes para analizar las reformas y políticas educativas que se han desarrollado en las décadas de los ochenta y los noventa, en las que han predominado la redefinición del papel del Estado, los discursos sobre la calidad educativa (y con ellos se han asociado las políticas curriculares y de evaluación) y la centralidad del nivel local y de la institución educativa.

De modo simultáneo, también puede constatarse una preocupación por parte de algunas instituciones, y en particular de algunos de sus actores, por proponer, llevar adelante y sostener propuestas innovadoras vinculadas con las prácticas de enseñanza y de aprendizaje que tienen lugar, tratando de rebasar el nivel del aula y comprendiendo, en consecuencia, el de la institución. Dicho en otros términos, la escuela como institución, y no como suma de actores o de aulas, se constituye tanto en un objeto de análisis como de intervención; se instituye en sede de macropolíticas y, a la vez, de propuestas de innovación, de diseño y fortalecimiento de micropolíticas educativas en donde las primeras se significan (es decir, se movilizan, se resisten, se potencian o se enriquecen).

Querríamos, en consecuencia, abordar a continuación los diferentes modos a través de los cuales puede comprenderse el lugar de "centro" que, en este marco, adquieren las instituciones educativas.

Bolívar: analiza los diferentes movimientos u olas, tal como se le denomina en algunos comentarios anteriores, a partir de las cuales la institución educativa, la organización o el centro escolar han adquirido un lugar central en su vinculación con la búsqueda de la calidad educativa.

En estos movimientos (escuelas eficaces, mejora de la escuela, reestructuración escolar, desarrollo basado en el centro, etc.) puede encontrarse una característica fundamental que los atraviesa: se trata de la focalización en las variables institucionales u organizacionales (según el marco de referencia que predomine). En algunos de estos enfoques teóricos se considera a las instituciones educativas como cualquier otra organización. Anteriormente hemos discutido enfáticamente este desconocimiento de la especificidad de la escuela, aun cuando podemos coincidir con la importancia asignada a la mirada institucional. Sin embargo, es necesario señalar que no puede hacerse abstracción, en este enfoque centrado en la institución, de las dimensiones curriculares (en el más amplio sentido del término), de las prácticas pedagógicas y del nivel de análisis correspondiente al aula.

Los movimientos mencionados anteriormente, ponen énfasis, fundamentalmente, en la organización eficaz y eficiente y por ello encuentran un terreno fértil para desarrollarse en el escenario de las reformas neoliberales. Numerosos estudios e investigaciones fueron orientados, en consecuencia, hacia la búsqueda de los factores o variables que permiten explicar el funcionamiento eficiente de una institución. Así factores tales como el liderazgo fuerte en lo administrativo y en lo pedagógico; el elevado nivel de expectativas en relación con el rendimiento de los alumnos; el clima participativo; la claridad en la definición de los objetivos institucionales; la colaboración y la colegialidad entre los docentes; la autonomía y la gestión local, entre muchos otros, son algunos de los mencionados en los diversos estudios.

Sin embargo, citando a Bolívar podemos mencionar que "el legado de las escuelas eficaces ha aportado, al menos, cuatro grandes lecciones:

a) Poner en crisis la supuesta impotencia de la escuela para reducir la influencia de los contextos familiares y sociales, mostrando que todos los alumnos pueden aprender, dadas las condiciones y el apoyo apropiados.

b) Reconocer el centro escolar como responsable del aprendizaje (o no progreso en el aprendizaje) de los alumnos, incrementando la propia autoestima profesional.

c) Aceptar que la calidad de la educación sólo puede ser juzgada por referencia a los resultados alcanzados por "todos" los alumnos, valorados en términos de equidad (poder compensatorio de la escuela).

d) Destacar la importancia de un trabajo conjunto, fruto de un sentido de comunidad y visión comparada del centro (Bolívar, A. 1999, pag.23).

En estos movimientos ha habido procesos de revisión y reconceptualización crítica interna y han recibido, a su vez, diferentes críticas externas. En relación con el movimiento de escuelas eficaces, algunas de las críticas son las siguientes:

- Presenta una importante similitud con el paradigma de investigación didáctica denominado "proceso – producto", a partir del cual se indagan los factores y su incidencia en el logro de mejores resultados. Ahora bien, muchos de los conceptos (por ejemplo, "liderazgo profesional", "clima participativo", "elevado nivel de implicación de padres y alumnos", etc.) son complejos y equívocos, de lo que se deduce la dificultad para una pertinente definición operacional en los diseños de los proyectos de investigación. A ello se suma el hecho de que los distintos estudios permiten destacar más las discrepancias sobre los factores que intervienen, y su posible combinación, de acuerdos sobre su influencia en los resultados obtenidos.

- Aún si se pudiera enumerar el conjunto de los factores que intervienen en la determinación de la eficacia en las escuelas, éstos no permanecen inalterables a través del tiempo, ni escapan al "filtro" de las culturas institucionales y de los contextos específicos en los que una escuela se inserta. Dicho esto en otros términos, no hay una definición universal ni atemporal de los factores que permiten explicar la eficacia de una institución. O, en todo caso, diversas investigaciones podrían poner en evidencia las correlaciones entre determinadas variables para explicar la eficacia, (lo cual permitiría aproximación a explicaciones bajo la forma de hipótesis), pero no tendrían una potencialidad en términos de predicción, porque las mismas variables en otro contexto institucional pueden no producir similares efectos.

- El énfasis puesto casi exclusivamente en los procesos académicos, si bien importante en tanto llama la atención sobre este punto, constituye una perspectiva reductora que excluye el análisis de otros aspectos también relevantes (como los efectos sociales y éticos del proceso de escolarización).

- Ha habido mayor énfasis en ofrecer una descripción (al estilo de una fotografía estática de una escuela) pero no se ha profundizado en cómo una escuela se convierte en eficaz; en otros términos, a esta corriente le falta una teoría del cambio educativo.

El proceso de mejora de la escuela ha recibido también críticas centradas en el hecho de que se focalizó fundamentalmente en el trabajo conjunto de los profesores, pero sin otorgar igual importancia el proceso de mejoramiento de los aprendizajes de los alumnos, y críticas vinculadas con el propio proceso de cambio, el cual se deslizó hacia un enfoque técnico-racional, desconectándose de la dinámica real y de las condiciones singulares y propias de cada institución educativa. En este sentido, la mejora de la escuela en algunas de sus variables se consideró como un fin en sí mismo, olvidándose que debía constituirse en un medio para mejorar sustantivamente las experiencias educativas de los alumnos.

En estos movimientos puede constatarse que se han recortado algunas variables institucionales y ha quedado omitida la práctica docente en el aula (o por lo menos sin adquirir una significación similar a otras variables que el modelo enfatiza). "De este modo confluyen ambas líneas (proceso vs. contenido, aula vs. centro) en una, por ahora incierta, `tercera ola´, que diluye las dicotomías aparentes, mantenidas hasta ahora (Bolívar A., Pág. 35).

En esta línea otras perspectivas (que no desconocen la importancia de la cuestión de la eficacia, pero que no hacen de ella el único eje de análisis) ponen el énfasis en los aspectos vinculados con las culturas institucionales escolares (Frigerio, Poggi y otros 1992), con la matriz de aprendizaje institucional (Frigerio y Poggi 1996) y con la gramática de la escuela, y buscan articular en la propuesta teórica tanto las dimensiones organizacionales como las curriculares.

La gramática de la escuela, tal como Tyack y Tobin la consideran, constituye el marco que modela las condiciones en las que los docentes enseñan y los alumnos aprenden. Establecen una suerte de paralelismo entre la gramática de la lengua y la de la escuela. Así como el hablante de una lengua, los actores de una institución conocen, en ocasiones de modo consciente pero en muchas más de manera inconsciente, el sistema de reglas explícitas e implícitas de una institución. De modo similar a la gramática de la lengua, la de la escuela no necesita ser comprendida conscientemente para operar. En este sentido, constituye un concepto de orden equivalente al de matriz de aprendizaje institucional. En las instituciones se comprende, se habla y se actúa, en muchas ocasiones, a partir de los hilos que tejen esta suerte de red no visible que enmarcan esos modos de comprender, de hablar y de actuar.

Al pensar e investigar la relación entre la cultura institucional o la gramática de la escuela y las reformas educativas, Tyack y Tobin afirman:

"Los reformistas creen que sus innovaciones cambiarán las escuelas, pero es importante reconocer que las escuelas cambian las reformas. Una y otra vez los docentes han implementado y alterado selectivamente las reformas. Más que considerar estas mutaciones como un problema que debe evitarse, se podría pensar que éstas constituyen, potencialmente, una virtud... Los objetivos podrían ser considerados como hipótesis... más que como metas fijas" (Tyack, D y Tobin W. 1994).

Para afirmarlo con otros términos: los cambios institucionales y las reformas educativas logran transformar algo de la gramática de la escuela / cultura escolar / matriz de aprendizaje institucional, o están condenados al fracaso, a no persistir en tanto innovación, a no institucionalizarse. Esto requiere cambiar representaciones, valores, creencias, normas y reglas de juego institucional.

Pero, de aquí su complejidad, si bien la dimensión institucional de la escuela es ineludible para pensar los procesos de cambio, subrayar esta cuestión no siempre significa acordar con la perspectiva teórica que presentamos en este punto sobre las instituciones. De allí también que el énfasis en la gestión de las instituciones educativas puede enmarcarse en posiciones no sólo diferentes, sino divergentes y aún contradictorias en función de los paradigmas que las sustentan.

Es por ello que "una descentralización de la gestión, por sí misma, no engendra una mejora, si paralelamente no hay unas dinámicas de apoyo y unos estímulos externos que capaciten internamente al centro escolar para llevar a cabo el cambio propuesto" (Bolívar 1996). La importancia asignada al apoyo y asistencia desde la exterioridad de la escuela vuelve a resituar la necesidad del Estado y el papel que éste debe jugar en los procesos de cambio y de sostenimiento de las políticas educativas.

Si la descentralización se entiende sólo como una mera transferencia de la capacidad de gestión, como una flexibilización en un planteo gerencialista orientado por la competencia, como una desresponsabilización del Estado frente a los problemas de justicia e igualdad entre instituciones, o un encubrimiento de las desigualdades frente a una supuesta igualdad meramente formal, entonces esa gestión descentralizada puede suponer tanto un mecanismo más sutil de control como una atribución exclusiva de las responsabilidades a las escuelas por los procesos y resultados en términos de aprendizajes de los alumnos.

Sobre las cuestiones que estamos tratando Justa Ezpeleta plantea dos interrogantes muy sugestivos (Frigerio, Poggi y Giannoni 1997): ¿cómo lograr que un problema doméstico acceda al rango de problema institucional?, y ¿cómo lograr que un problema institucional sea asumido como problema político, como asunto de políticas educativas?

En función de estas preguntas no se trata entonces de desentenderse de los problemas institucionales sino de integrarlos en una dimensión política. En este sentido, asumir un proyecto de educación pública supone pensar los modos de articular iniciativas y responsabilidades del Estado con aquéllas de las instituciones, enmarcadas en el principio de "'justo para todos' y no sólo 'bueno para nosotros ' (Bolívar 1999)". En esta línea, la dimensión institucional de la escuela toma un lugar preponderante y alcanza el status de asunto político cuando se integra en un proyecto de formación de ciudadanos democráticos, libres y solidarios.

En consonancia con los aspectos trabajados en estos últimos párrafos, es importante subrayar el hecho de que la formación de directivos de instituciones educativas no puede realizarse al margen de las definiciones que sobre la educación en general y sobre la institución educativa en particular promuevan las políticas educativas, lo cual implica reconocer el lugar y los sentidos que en ella tengan conceptos tales como democratización, descentralización, autonomía, participación, para mencionar sólo algunos.

En relación con el papel de los directivos, Marchesi y Martín afirman que "se ha ido modificando a lo largo de las últimas décadas. Los cambios que están afectando al conjunto del sistema educativo inciden especialmente en la figura del director, quien tiene que encontrar un difícil punto de equilibrio entre las presiones externas y los problemas que plantea su propia comunidad educativa. Frente a una visión del director definida por sus rasgos personales de eficacia y dinamismo, su capacidad de organización y su habilidad para gestionar los problemas de la escuela, se empieza a definir un estilo diferente de ejercer las funciones directivas, más basadas en la voluntad de aunar voluntades en proyectos compartidos, en la sensibilidad ante las nuevas situaciones, en la habilidad para adaptar el funcionamiento de la escuela a los objetivos que se plantean, en la capacidad de comprender la cultura de la escuela y promover el cambio (Marchesi y Martín 1998, págs.. 178 y 179) ".

La función directiva no puede ser ajena al modelo institucional de escuela que se promueva. Es decir que no es pertinente pensar que pueden existir modelos directivos de validez universal sin anclajes en la singularidad de cada institución escolar y en el proceso e historia que le son propios; singularidad e historia que definen también al sistema educativo en el cual cada institución se integra.

Es por ello que, sobre grandes líneas generales que pueden bosquejar la función directiva, ineludiblemente, cada actor concreto que ocupa un cargo de conducción construirá su desempeño a partir de la consideración de cuestiones vinculadas con su trayectoria personal y profesional, de la definición normativa del rol, así como de aquellas características singulares de la escuela que gestionará.

Por otra parte, lo anticipamos ya, es ineludible el hecho de pensar cómo dar cuenta de una cierta correspondencia entre el modelo profesional y laboral de quienes ocupan cargos de conducción y el modelo de formación.

Pensar, en consecuencia, cuestiones vinculadas con la formación de directivos implica abordar la articulación de condiciones objetivas, vinculadas con la definición de las tareas (que se presentan en las prescripciones y normativas sobre el rol así como en la definición de las condiciones laborales), con las preocupaciones y expectativas priorizadas por niveles macro y micropolíticos, así como con el conjunto de las representaciones sociales que pesan sobre el rol de la dirección escolar, desde quienes lo ejercen como desde otros actores sociales y educativos (supervisores, docentes, alumnos y padres, por ejemplo).

La centralidad que la institución educativa ha adquirido en las dos últimas décadas, más allá aún de los procesos de reforma, en relación con la formación de las nuevas generaciones que se incorporan al sistema escolar en sus distintos niveles, ha puesto el foco en ella, en tanto unidad de análisis y de intervención en los procesos de mejora y cambio educativo. En consonancia con esta afirmación, la dirección ha cobrado mayor relevancia, la cual se ha puesto en evidencia en los enfoques teóricos como en los trabajos empíricos de investigación sobre el tema.

Bibliografía de referencia

- Allaire, Y. y Firsirotu, M. E. (1984). Theories of Organizational Culture [Teorías de cultura organizacional].
- Argyris, C. y Schön, D. (1976). Theory in Practice: Increasing Professional Effectiveness [Teoría en la práctica: Aumentando la eficacia profesional]. San Francisco: Jossey-Bass.
- Bigott, L (1978), El educador neocolonizado. Editorial La enseñanza viva.
- Bolívar, A., "El lugar del centro escolar en la política curricular actual. Más allá de la reestructuración y de la descentralización", en Pereyra, A. y otros, 1996, Globalización y descentralización de los sistemas educativos. Fundamentos para un nuevo programa de la educación comparada , Barcelona, Pomares-Corredor.
- Bolívar, A., 1999, Cómo mejorar los centros educativos , Madrid, Síntesis.
- Bower, M. (1966). The Will to Manage: Corporate Success Through Programmed Management [La voluntad directiva]. New York: McGraw-Hill.
- Cavanagh, R. y Dellar, G. (2001). Secondary School Culture and Improvement: Teacher, Student and Parent Perspectives [Cultura de las escuelas secundarias y mejora: Perspectivas de docentes, estudiantes y padres]. Presentado en Annual Conference of the Australian Association for Research in Education, Sydney, Australia.
- Chinoy Ely La sociedad. Una introducción a la sociología. Fondo de Cultura Económica. 1985
- Deal, T. E. y Kennedy, A. A. (1982). Corporate Cultures: The Rites and Rituals of Corporate Life [Culturas corporativas: Los ritos y rituales de la vida corporativa]. Reading, MA: Addison-Wesley.
- Deal, T. E. y Peterson, K. D. (1990). The Principal's Role in Shaping School Culture [El rol del director en la conformación de la cultura escolar]. Washington, DC.: Office of Educational Research and Improvement.
- Deal, T. E. y Peterson, K. D. (2009). Shaping School Culture: Pitfalls, Paradoxes, & Promises [Configuración de la cultura escolar: Dificultades, paradojas y promesas]. San Francisco: Josey-Bass.

- Diker, G. y Terigi, F., 1997, La formación de maestros y profesores: hoja de ruta, Buenos Aires, Paidós.
- Duarte (2002), Escuela familia y comunidad.
- Elías, M. E. (Mayo-agosto, 2015). La cultura escolar: Aproximación a un concepto complejo. Revista Electrónica Educare, 19(2), 285-301. doi: http://dx.doi.org/10.15359/ree.19-2.16
- Essomba, M.A. (1999). Construir la escuela intercultural. Reflexiones y propuestas para trabajar la diversidad étnica y cultural. Barcelona: Graó.
- Fernández Enguita, M., 1990, Juntos pero no revueltos. Ensayos en torno a la reforma de la educación , Madrid, Visor
- Frigerio, G. (comp.), 1995, De aquí y de allá. Textos sobre la institución educativa y su dirección, Buenos Aires, Kapelusz.
- Frigerio, G. y Poggi, M., 1996, El análisis de la institución educativa. Hilos para tejer proyectos , Buenos Aires, Santillana.
- Frigerio, G., Poggi, M. y Giannoni, M., 1997, Políticas, instituciones y acto res en educación, Buenos Aires, Centro de Estudios Multidisciplinarios y Novedades Educativas.
- Frigerio, G., Poggi, M. y otras, 1992, Las instituciones educativas. Cara y Ceca, Buenos Aires, Troquel.
- Gentili, P., 1994, Proyecto neoconservador y crisis educativa, Buenos Aires, Centro Editor de América Latina.
- Hargreaves, A. (1992). "El tiempo y el espacio en el trabajo del profesor", en Revista de Educación, núm 1298, págs. 31-53.
- Hernández, F. y Ventura, M. (1992). La organización del currículum por proyectos de trabajo. El conocimiento es un calidoscopio. Barcelona: Graó/ICE.
- Marchesi, A. y Martín, E., 1998, Calidad de la enseñanza en tiempos de cambio, Madrid, Alianza editorial.
- McCarthy, C. (1994). Racismo y currículum. Madrid: Morata.
- Mir, C. (Coord.) (1998). Cooperar en la escuela. La responsabilidad de educar para la democracia. Barcelona: Graó.

- OCDE, 1991, Escuelas y calidad de la enseñanza, Barcelona, Paidós.

- Pedró, F. y Puig, I., 1998, Las reformas educativas. Una perspectiva polí tica y comparada , Barcelona, Paidós.

- Poggi, M. (comp.), 1995, Apuntes y aportes para la gestión curricular, Buenos Aires, Kapelusz.

- Puigdellívol, I. (1997). Educación y diversidad, Barcelona: Graó

- Tyack, D. y Tobin, W., "The grammar of schooling: why has it been so hard to change?", en American Educational Research Journal , Fall 1994, Volume 31, N°3.

- Van Vught, F., "La calidad de la educación en Europa. El siguiente paso", en Universidad Futura , Vol. 3, N° 8 y 9, Invierno 1991, pp. 59–72.

- Wilson, J., 1992, Cómo valorar la calidad de la enseñanza , Barcelona, Paidós-MEC.

Conclusiones

La administración educativa debe trabajar inevitablemente con personas, la función de un directivo no es solo administrar los recursos de la institución educativa; su responsabilidad va más allá como representante de una comunidad y como símbolo de valores y aptitudes. Debe concientizarse del papel que desempeña en la sociedad y del impacto de sus acciones en las presentes y futuras generaciones de educandos. Es importante que los profesores y directivos identifiquen sus talentos y habilidades y, sobre todo, sus metas y compromisos; así como realizar un autoanálisis para reconocer el inventario de sus actuales cualidades y habilidades.

Como parte de su superación el directivo tiene la obligación de ser un promotor del cambio en su contexto. Para cumplir con este punto puede identificar los procesos relevantes, revisar el ambiente político de su organización y, sobre todo, describir un plan de administración del cambio efectivo y congruente con la realidad. Al final de cuentas, el directivo es el responsable de la calidad y productividad de su institución, así como de la vigencia de sus programas académicos.

Es prioritario para el directivo mantener contacto con el ambiente social y cívico; reconocer que la escuela es un centro de capacitación y desarrollo de personas cuya labor social es fundamental para la comunidad, pues de ella depende en gran medida que los educandos se desempeñen en la sociedad como ciudadanos respetables y productivos.

_____